Herbert Sedlmair

FESTE FEIERN
BRÄUCHE DURCH DAS JAHR

Herausgeber:
Katholische Kirchenstiftung Mariä Himmelfahrt Buchloe

Druck: Holzmann Druck GmbH & Co. KG

Gesamtherstellung:
BAUER-VERLAG GmbH, Thalhofen
Tel.: 08345/1601, www.verlag-bauer.de

ISBN: 978-3-941013-62-9

Feste, Feiern und Bräuche im Lebenslauf   142

Reinhold Lappat,
Manfred Seitz
Herbert Sedlmair (v.l.)

Herr Lappat, als Dekan und Pfarrer gehören Feste und Feiern zu Ihrem beruflichen Alltag! Warum und wozu feiern wir so gerne?

Gefeiert wird schon seit Menschengedenken – ein Leben ohne Feste wäre kaum auszuhalten. Für uns Christen ist feiern ein wichtiges Grund- und Lebenselement, das die Gemeinschaft fördert und festigt. Die Frohbotschaft will das Heil aller Menschen. Darum ist es sehr schade, dass heute immer mehr Leute den Sinn vieler Feste nicht mehr kennen.

Wie stehen Sie als Pfarrer und Seelsorger zu den Bräuchen, da diese ja oft als altbacken und konservativ gedeutet werden?
Kirche ist auch ein wichtiger Brauchtumsträger in unserer Gesellschaft. Wir wollen die guten Traditionen pflegen: Das zeigt sich während des ganzen Kirchenjahres mit seinen Festen, ebenso in den Sakramenten und ihren Symbolen, die an den Grenz- und Knotenpunkten des Lebens Menschen Gottes Nähe spürbar werden lassen. Wir wollen die Symbole erklären und schon den Kindern aufzeigen, was für ein guter Sinn hinter all dem steckt.

Wie beurteilen Sie die Bräuche von anderen Kulturen?
Ein typisches Beispiel hierfür ist Halloween, also die Vorfeier vor dem Allerheiligentag, die von Irland über die USA zu uns gekommen ist. Leider wird Halloween wie so vieles Andere, immer mehr dem Kommerz geopfert. Ich habe den Einruck, die meisten Leute wissen gar nicht mehr, was sie da eigentlich feiern. Wir in der Pfarreien Gemeinschaft Buchloe haben seit sechs Jahren als sanften Gegenpol eine Vigilfeier (Nachtwache) eingeführt, in der wir am Vorabend von Allerheiligen unserer Toten gedenken.

Herr Sedlmair, wie kamen Sie auf die Idee, ein Buch über Feste, Feiern und Bräuche zusammenzustellen?
Als Ausbilder von Junglehrern und als Schulamtsdirektor war es mir immer wichtig, Schülern auch ihre Heimat mit ihrer Kultur und ihren Bräuchen

zu vermitteln. Menschen und gerade Kinder brauchen beständige Rituale, Bräuche und Feste zur Beheimatung, zur Sicherheit und Geborgenheit, zur Lebenshilfe und zur Lebensfreude. Mit Sorge beobachte ich, dass in den letzten Jahrzehnten viele existentielle Bräuche verloren gehen oder völlig kommerzialisiert werden. Oft wird nur oberflächlich mit Betonung unwichtiger Äußerlichkeiten gefeiert. Hier soll das Buch ein Sinn- und Ratgeber sein für ein sinnvolles, tiefergehendes Feiern. Neben Herkunft und Sinn von Feiern und Bräuchen werden auch konkrete Gestaltungsmöglichkeiten angeboten, insbesondere für die unmittelbar Betroffenen und für Familien mit Kindern.

Herr Seitz, als Niederlassungsleiter der VR Bank in Buchloe haben Sie als Hauptsponsor die Herausgabe dieses Buches ermöglicht. Was waren Ihre Beweggründe dazu?
Wir sind eine Genossenschaftsbank mit mehr als 100 Jahren Tradition in Buchloe. Wir sind hier zu Hause. Unsere Mitarbeiter kommen aus der Region, sie kennen die lokalen Feiern und Bräuche. Oft trifft man dann auch Mitglieder und Kunden der Bank bei solchen Ereignissen. Das ist mir persönlich sehr wichtig, dieses Miteinander und dass man sich kennt. Daher haben wir uns auch spontan entschlossen, das Buch zu fördern, zumal durch den Verkauf die Renovierung der Stadtpfarrkirche mitfinanziert wird.

Herr Sedlmair, bei der Gestaltung und der Herausgabe eines Buches sind viele Köpfe beteiligt. Wer hat Sie unterstützt?
Als Autor möchte ich mich für inhaltliche und sprachliche Verbesserungsvorschläge bedanken bei: Pfarrer Christian Fait, Schwester Helga Bernhard, Anton Kögel, Andreas Herb, Joachim Drechsel und Heinrich Meichelböck. Letztgenannter hat die meisten Fotos geliefert und mir auch wertvolle inhaltliche Hinweise auf früheres Brauchtum gegeben. Die übrigen Fotografen sind im Bildnachweis genannt. Dank auch an die Bürgerstiftung Ostallgäu für die finanzielle Unterstützung.

Herr Lappat, wofür wird der Reinerlös verwendet?
Als Pfarrer hier bin ich sehr froh und dankbar, dass wir seit Jahren Sponsoren und viele Menschen haben, die mit zahlreichen Aktivitäten und tollen Ideen Eigenmittel für die Außen- und Innensanierung unserer Stadtpfarrkirche sammeln und erwirtschaften. Jede kleine und große Maßnahme trägt dazu bei, dass wir in den nächsten Jahren auch die restliche Million zusammenbringen werden. Dieses Buch ist wieder ein Meilenstein und ein wunderbares Zeichen - Herzlichen Dank dafür!

WESENSMERKMALE UND SINN DES BRAUCHTUMS

Jeder Mensch ist auf Suche nach einer Heimat, nach einem Bereich, den er kennt, in dem er sich auskennt und in dem er Anerkennung findet. In diesem sozialen Feld menschlicher Beziehungen fühlt er sich aufgenommen, angenommen und ernstgenommen, hier kann er mitmachen, mitgestalten und Verantwortung übernehmen. Hier fühlt er sich sicher und geborgen und findet seine persönliche Identität.

Behilflich sind ihm bei dieser Suche nach Beheimatung feste Gewohnheiten, gemeinsame Rituale und Bräuche als geistig-seelische *„Lebensmittel"*.

Feste, Feiern und Bräuche verschönern und erleichtern das Leben, sie sind für den Menschen lebensnotwendig und lebensförderlich, sie dienen der *Lebensfreude* und der *Lebenshilfe*: Der Mensch „braucht" den Brauch!

Der festliche oder ausgelassene Charakter eines Brauchcs ermöglicht es dem Menschen, sich über den Alltag hinauszuheben und das Leben ganzheitlich mit allen Sinnen auszukosten. Der Brauch wird zur Medizin gegen graue Eintönigkeit. „Ein Leben ohne Feste ist wie ein langer Weg ohne Einkehr", meint der griechische Philosoph Demokrit. Jedes Fest ist ein Fest für die Sinne, es fördert Kreativität, Ästhetik und Kommunikation, es fordert den ganzen Menschen mit Kopf, Hand und Herz.

Brauchtum ist fast immer ein Grundphänomen des menschlichen Gemeinschaftslebens, es lässt das Zusammengehörigkeitsgefühl wachsen, es wirkt *gemeinschaftsbildend*.

Auch der heutige Mensch ist trotz Technisierung und Wissensfortschritt eingebunden in die soziale Gemeinschaft, das Miteinander, das Feiern und Festen, er ist abhängig von den Gaben, den Kräften und dem *Rhythmus* der Natur und des Kosmos, auch wenn es ihm nicht mehr so bewusst ist.

Bräuche und Feste unterbrechen den gleichförmigen Rhythmus des Alltags. Sie markieren Knotenpunkte und Höhepunkte, manchmal auch Grenzpunkte im Leben. Es tut gut, mit abgegrenzten Zeiten, mit Rhythmen zu leben, die unser Leben gliedern und einteilen. Riten des Lebens, die regelmäßig wiederkehren, geben uns und vor allem auch unseren Kindern Sicherheit und Geborgenheit. Dass unser Leben eingebettet ist in Rhythmen, erleben wir selbst hautnah in den pulsierenden Herzschlägen, dem Aus- und Einatmen, im Wachen und Schlafen, in Hunger und Sättigung, im Wechsel von Tag und Nacht, in den Jahreszeiten, den Wochentagen, Monaten und Jahren. Es gibt einen Rhythmus des Tages, einen Rhythmus des Jahres und einen Rhythmus des Lebens. Die meisten Bräuche und Feste orientieren sich am Ablauf des Jahres und des Kirchenjahres oder an wesentlichen Stationen des Lebenslaufes.

Bräuche regeln den Ablauf, stecken den Rahmen ab, geben Spielregeln vor und stellen Zeichen und Symbole als Sinngeber zur Verfügung. Brauchtum wurzelt tief in der *Natur*, im Blühen und Fruchten, im Vergehen und Absterben, *im Lauf des Jahres*, im Verlauf des Sonnenlichtes und in den Abläufen des Kosmos, *im Lebenslauf* des Menschen und in der *Geschichte eines Volkes*. So wie es Brauch und Sitte ist!

> „Brauchtum ist *gemeinschaftliches Handeln*, das *von der Sitte gefordert* wird und *von der Tradition bewahrt* wurde. Es bringt einen *inneren Vorgang sinnbildlich zum Ausdruck* und ist funktionell an eine *bestimmte Zeit* oder an eine *bestimmte Situation* gebunden." *(Walter Plötzl)*

Die meisten unserer Bräuche haben ihre Wurzeln im menschlichen Wissen um ein höheres Wesen, das unser Dasein trägt und hält. In der Brauchtumspflege erinnern wir uns daran und drücken damit auch die *Dankbarkeit an unseren Schöpfer* aus.

Einige unserer Bräuche haben ihre Wurzeln in heidnischen Zeiten und vorchristlichen Kulturen, sie sind bedingt durch den Lauf der Sonne, durch natürliche und jahreszeitliche Erscheinungen. Viele Bräuche kommen aus dem frühchristlichen und christlichen Glauben, der erst mit den Römern in unser Land kam. Das Christentum hat heidnische Bräuche zum Teil unverändert übernommen oder manche überhöht, d. h. sie bekamen einen theologischen Hintergrund. Papst Gregor II. schrieb im Jahr 723 an Bonifatius, der die dem germanischen Gott Thor geweihte Donar-Eiche fällte: „Es muss ein jedes Fest zu Ehren ihrer Götter in ein anderes umgeformt werden ... in Feste der heiligen Märtyrer." Volkskundler und Brauchtumsforscher Dr. Dietz-Rüdiger Moser schreibt dazu kritisch: „Heidnisches, zumal germanisches oder – wie man heute lieber sagt – keltisches Überlieferungsgut ist jedenfalls nirgendwo nachzuweisen, wohl aber gibt es zahllose Verbindungen zwischen dem heutigen Volksbrauch und der überkommenen Liturgie der abendländischen Kirche." Jedenfalls verschmelzen in vielen Bräuchen Weltliches, Heidnisches und Religiöses, so dass Aberglaube und Glaube oft nicht klar zu trennen sind.

Bräuche sind ständig einem *geschichtlichen Wandel* unterworfen. Sie verändern sich durch obrigkeitliche Verordnungen, durch politische, wirtschaftliche, kulturelle und kirchliche Entwicklungen, durch modische Zeitströmungen und gesellschaftliche Wertvorstellungen. Bräuche sind auch regional unterschiedlich und können dabei auch ihren Sinngehalt ändern.

Da die *Region des Ost- und Unterallgäus* seit Jahrhunderten durch den christlichen Glauben und seine Tradition geprägt ist, werden in der folgenden Zusammenstellung die Bräuche vor allem aus christlicher Sicht erläutert. Vorrangig geht es in diesem Beitrag um die *Sinnhaftigkeit*, um das Warum und Wozu und um die Gestaltungsformen, d. h. die konkreten *Handlungsweisen* der Bräuche, kurz gesagt um das Verstehen und Gestalten von Bräuchen. Wer den Sinn eines Brauches nicht weiß und nicht versteht, kann den Brauch auch nicht sinnvoll und mit Überzeugung ausführen. Nur ein verstandenes Brauchtum kann lebendig sein und bleiben.

FESTE, FEIERN UND BRÄUCHE IM JAHRESKREIS

Neujahr

Bei den Kelten begann das Jahr im November. Der Jahresbeginn eines Mondjahres lag bei den ersten Römern im März, deshalb die Monatsnamen September, Oktober, November und Dezember als der siebte bis zehnte Monat. Der sagenhafte zweite König von Rom, Numa Pompilius fügte zwei Monate dazu, den Januarius nach dem doppelgesichtigen Gott Janus, dem Beschützer der Eingangstore, und den Februarius (lateinisch „februare" = sauber machen). Seit 153 v. Chr. ist der 1. Januar der Jahresbeginn als der Tag des Amtsantrittes der zwei römischen Konsuln - der obersten Beamten des römischen Staates.

Julius Cäsar führte 45 v. Chr. statt des Mondkalenders den aus Ägypten stammenden Sonnenkalender ein, den **Julianischen Kalender**, bei dem der Jahresanfang auch auf den 1. Januar fiel. In vielen Teilen Europas galt lange der 6. Januar als Anfang eines Jahres. 1582 war mit der Einführung des **Gregorianischen Kalenders** die letzte große Kalenderreform durch Papst Gregor XIII. durch den Einschub von Schaltjahren und Schalttagen alle vier Jahre. 1691 entschied sich Papst Innozenz XII. für den Neujahrstag als Jahresbeginn am 1. Januar.

Der **Neujahrstag** ist das kirchliche Fest der Beschneidung und der Namensgebung des Herrn. „Und als acht Tage um waren und man das Kind beschneiden musste, gab man ihm den Namen Jesus." (Lukas 2,21)

Am Neujahrstag wünschen sich Verwandte, Bekannte und Nachbarn „A guats, gsonds nuis Johr!", viel Glück und Erfolg, Gesundheit und ein langes Leben. Im südlichen Ostallgäu, insbesondere in Pfronten, ist das **Neujahrsschreien** („S´Nuijohrschreie") Brauch. Frühmorgens bis zum Mittagsläuten ziehen Mädchen und Buben von Haus zu Haus und überbringen die Neujahrswünsche: „Gelobt sei Jesus Christ. A guots Nuis Johr alle mitanand!" Dafür gibt es einen kleinen Geldbetrag, Schokolade oder Obst.

Dreikönig

Dreikönig feiert man seit dem 4. Jahrhundert n. Chr. am 6. Januar, nachdem man das Weihnachtsfest auf den 25. Dezember verlegt und festgesetzt hatte. Die eigentliche Wortbedeutung des griechischen Wortes Epiphanie als Erscheinung (des Herrn) weist auf das ursprüngliche Weihnachtsfest hin, das heute noch von der orthodoxen Kirche am 6. Januar gefeiert wird. An Dreikönig werden wir daran erinnert, dass die christliche Weihnachtsbotschaft allen Völkern und Rassen gilt.

Die Bibel erzählt von Sterndeutern (Matthäus 2). Erst im Mittelalter waren es in der Volksüberlieferung drei Könige namens Balthasar, Melchior und Caspar. Diese Königsfiguren werden an Dreikönig in die Weihnachtskrippe gestellt. Die Geschenke der drei Weisen: Gold, Weihrauch und Myrrhe weisen auf Christus als den König, als den Gott und als den Menschen hin: Gold symbolisiert Kraft und Weltherrschaft, Weihrauch den Priester und Sohn Gottes, und Myrrhe verweist auf seinen Tod am Kreuz.

Bei der kirchlichen **Dreikönigsweihe** werden Salz - das schales Wasser wieder lebendig macht - Weihrauch und Myrrhe als Zeichen des zu Gott aufsteigenden Gebetes und Kreide für den Haussegen gesegnet. Früher war der Dreikönigtag ein traditioneller Tauftag, deshalb wird auch das Tauf- und Weihwasser, das so genannte Dreikönigswasser geweiht. In das Weihekörbchen für den Kirchgang gehören deshalb Salz in einer Tasse, Weihrauch oder Räucherzäpfchen und Kreide und dazu der Weihwasserkrug für das Dreikönigswasser.

In einigen Familien werden die häuslichen Räume - bei Bauern der Stall - noch mit dem Weihrauch ausgeräuchert und mit Weihwasser besprengt. Oben an die Haustüre wird mit Kreide geschrieben:

20 C+M+B 11.

Mit diesem **Haussegen** will man für das kommende Jahr alles Böse von Mensch und Vieh fernhalten.

Sternsingen

Der Brauch des Sternsingens ist seit dem 16. Jahrhundert bekannt.

An Dreikönig gehen Ministranten bzw. Jugendliche verkleidet als Kaspar, Melchior und Balthasar mit einem Sternträger von Haus zu Haus, tragen ihre Verse und Lieder vor, sammeln Spenden für die Mission und schreiben mit geweihter Kreide den Haussegen an die Tür: „20 C+M+B 11", das heißt auf lateinisch: **C**hristus **M**ansionem **B**enedicat. Christus segne dieses Haus! Zugleich sind dies die Anfangsbuchstaben der drei Könige Caspar, Melchior und Balthasar. Dazu kommt die aktuelle neue Jahreszahl.

Die ersten Buchloer Sternsinger 1964

Durch eine Aktion des Bundes deutscher katholischer Jugend BDKJ Anfang der 60er Jahre wurde der Sternsingerbrauch in Deutschland wieder belebt, in Buchloe 1964 durch Herbert Sedlmair mit seiner Jungkolpinggruppe. Der erste Spendenertrag waren 300.- DM. Er ging bereits damals an den Buchloer Pater Martin Schupp in Süd-Rhodesien in Afrika. 2010 erbrachten in Buchloe 90 Sternsinger, Gruppenleiter und Verantwortliche 18.560.- Euro, 2011 sogar 21.140.- Euro, die nach wie vor an Martin Schupp in Simbabwe und an ein Kolpingprojekt in Albanien gehen. Primär geht es nicht um eine möglichst hohe Spendensumme, sondern die Sternsinger sollen mit ihrem Auftreten Jesus Christus als unser Licht und Leben verkünden. Deshalb werden die Buben und Mädchen auch jedes Jahr im Pfarrgottesdienst gesegnet und in die Pfarrgemeinde ausgesendet.

Buchloer Sternsinger 2010

Lichtmess 2. Februar

40 Tage nach der Geburt Jesu, am 2. Februar, wird Mariä Lichtmess gefeiert, kirchlich die Darstellung des Herrn im Tempel als Dank für die glückliche Geburt. Bei den Römern war der Februarius als der letzte Monat des Jahres der Monat der Reinigung; lateinisch „februa" = Reinigungs- oder Sühneopfer. Das römische Sühne- und Reinigungsfest mit einer heidnischen Sühneprozession wandelte Papst Gelasius 494 um in „Mariä Reinigung". Nach jüdischem Gesetz ist die Frau nach der Geburt eines Sohnes 40 Tage unrein. Am Ende dieser Tage bringt sie im Tempel ein Reinigungsopfer mit zwei Tauben dar. Da der erstgeborene Sohn nach jüdischem Glauben Eigentum Gottes war, wurde Jesus auch zum Tempelpriester gebracht, von ihm gesegnet und vor Gott dargestellt.

Früher endete mit Lichtmess die Weihnachtszeit und es war der erste Tag im bäuerlichen Jahr, der sogenannte **„Schlenkalastag"**. Er war arbeitsfrei und der Termin für Einstand und Abgang der Dienstboten, für das „Schlenkeln" (= die Stellung wechseln, müßig herumgehen). An Knechte und Mägde wurde auch der Jahreslohn ausgezahlt. Bekam der Dienstbote vom Bauern eine Kerze oder einen Wachsstock, wurde sein Arbeitsverhältnis um ein Jahr verlängert.

Seit dem 4. Jahrhundert werden an Mariä Lichtmess alle Kerzen, die für das ganze Jahr gebraucht werden, im Gottesdienst - oft verbunden mit einer Lichterprozession - geweiht. Auch die Kerzen für den eigenen Bedarf bringen die Gläubigen zum Weihen mit. Früher gab es dazu eigene Wachsmärkte, eben Licht(er)messen, daher der Name **Lichtmess**. Einige Brauchtumsforscher leiten den Namen auch von der heiligen Messe für das Licht der Kerzen ab.

Lichtmessfeier

Blasiustag 3. Februar

Der Legende nach hat der hl. Blasius als Bischof in Armenien einem Knaben in Todesgefahr geholfen, als ihm eine Fischgräte im Hals stecken geblieben ist und er zu ersticken drohte. Deshalb wird er als einer der 14 Nothelfer bei Halskrankheiten und bei Zahnschmerzen angerufen. Er starb als Märtyrer um das Jahr 316. In der Kirche wird der **Blasiussegen** mit zwei überkreuz gehaltenen Kerzen am Hals erteilt („Einblaseln"), er soll vor Halskrankheiten schützen, vor allem Bösen bewahren und Gesundheit und Heil bringen.

Blasiussegen

Valentinstag 14. Februar

Bei den Römern war der 14. Februar der Gedenktag an die Göttin Juno, der Schützerin von Ehe und Familie. Die römischen Frauen wurden an diesem Tag mit Blumen beschenkt.

Der hl. Valentin soll der Legende nach als Bischof in Terni in Mittelitalien im 2. Jahrhundert heimlich Liebespaare getraut und frisch vermählten Paaren Blumen aus seinem Garten geschenkt haben. Dies tat er, obwohl der römische Kaiser Claudius Goticus christliche Aktivitäten untersagt hatte. Am 14. Februar 269 soll er wegen seines christlichen Glaubens mit dem Schwert enthauptet worden sein. Er ist der Schutzpatron der Verliebten, der Verlobten und auch der Bienenzüchter.

Verliebte und Freunde schenken sich am Valentinstag Blumen, kleine Aufmerksamkeiten oder einen Kartengruß. Dieser in den fünfziger Jahren neu eingeführte Brauch kommt aus England und Amerika. Dort wird er als Tag der Freundschaft, der Liebe und der Beziehungen begangen, wobei Millionen von Grußkarten versandt werden und Blumen und Süßigkeiten verschenkt werden. Schon Wochen vorher weist bei uns die Geschäftswelt auf den Valentinstag hin. In einigen Pfarreien wird am Valentinstag ein Segensgottesdienst für Verliebte angeboten.

Fasnacht - Fasching

Schon in vorchristlicher Zeit feierte man um diese Jahreszeit nach den langen Winternächten Frühlings- und Fruchtbarkeitsfeste, den Kampf des Frühlings, des Lichtes und der Lebensfreude mit dem Winter, dem Dunkel und den bösen Dämonen.

Der Name „Fastnacht" bezog sich ursprünglich auf die Nacht vor Beginn der Fastenzeit; in der noch kräftig gegessen und getrunken wurde. Aus dem Begriff „vast-schanc", der bedeutet „Ausschank bzw. Umtrunk vor Fastenbeginn" entwickelte sich das Wort Fasching.

Grundgedanke ist die Aufhebung des Fleischgenusses, deshalb auch die scherzhafte Übersetzung von Karneval als lateinisch „Carne vale!" bedeutet „Fleisch, lebe wohl!". Urkundlich belegt ist das Wort Fastnacht (vasnaht) erstmals 1206 in Wolfram Eschenbachs Parzival.

Ausgelassene Lebenslust, Fröhlichkeit, Freude, Übermut und närrischer Leichtsinn finden in der Fasnacht ihren angemessenen Ausdruck. Eine verkehrte Welt des Faschings ermöglicht das Hineinschlüpfen in eine andere als die gewohnte Rolle und den Aufenthalt außerhalb der gewohnten Ordnung. Viele Menschen verkleiden, kostümieren sich und tragen eine Maske. Mit drohenden Masken und viel Lärm hoffte man früher, die Dämonen zu erschrecken und die Wintergeister zu vertreiben. Mit der Maske wollte man sich auch unkenntlich machen, damit einen die bösen Geister nicht erkennen. Seit dem 17. Jahrhundert gibt es das **Maskiert-Gehen**; angeblich hat es sich bei uns aus dem mit Lichtmess verbundenen „Schlenkla" (= „müßig herumgehen") entwickelt. Beliebt war das maskierte „Schwenkla" und „Gumpa" von Haus zu Haus, wobei man in humorvollen Versen, meist unerkannt, Missgeschicke den Mitbürgern zur Kenntnis brachte.

An den Faschingstagen gingen in Schwaben früher Kinder maskiert von Haus zu Haus als „Mäschgerle" zum „Maschgeragauh" (Maskiert-Gehen) oder zum **„Fasnachtssprecha"** und sagten ihre Verse auf:

„Lustig isch dia Fasenacht,
wenn mei Muattr Küachla bacht,
wenn se abr koine bacht,
nau pfeif i auf dia Fasenacht!"

„I bi dr Ma vo Weißahora,
hau mei Weib im Bett verlora,
wer se findt und nimma bringt,
der kriagt a recht schöas Trinkgeld gschenkt."

Dafür bekamen sie dann Süßigkeiten oder Kleingeld. Dieser Brauch wurde z. B. in Ruderatshofen mit den Grundschülern wieder eingeführt.

So hat sich in Mindelheim der „Gobad Doschtg" - anderenorts genannt Gumpiger Donnerstag, Glumpiger Donnerstag, **Lumpiger Donnerstag** oder Schmotziger Donnerstag - immer mehr zum närrischen Stadtfeiertag entwickelt, an welchem auch der Fasnachtsumzug, der „Gaudiwurm" stattfindet. Von Mitte Januar bis Faschingsdienstag werden in Mindelheim seit 1909 das obere Tor und das ehemalige Mauritia-Febronia Gymnasium als Narrenfiguren verkleidet: Dura-Hansl (28m hoch), Amme und Columbine.

Am Gumpigen Donnerstag ist auch Bad Grönenbach ganz in der Hand der fasnachtsstollen Weiber. In vielen Orten übernehmen die Weiber statt des Bürgermeisters das Regiment im Rathaus und den Männern werden die Krawatten abgeschnitten.

Oberes Tor in Mindelheim als „Amme" verkleidet

Am **„Rußigen Freitag"** machen Kinder und Jugendliche einander das Gesicht schwarz, früher wurde dazu Ruß verwendet. Am Faschingssonntag und am Faschingsdienstag finden **Faschingsumzüge** statt, z. B. in Boos, Engetried / Markt Rettenbach, Pfaffenhausen, Stötten am Auerberg, Marktoberdorf, Schwangau, u. a.

In Ettringen findet seit einigen Jahren am Rosenmontag ein Nachtumzug statt. Der Name **„Rosenmontag"** soll aus dem mittelhochdeutschen „rasen", auf kölsch „rose", mit der Bedeutung „tollen" kommen.

Das **Konfetti-Werfen** stammt aus einem alten Fruchtbarkeitszauber, bei dem man andere mit Glück überschüttet.

In den letzten Jahrzehnten haben sich viele Erscheinungen des rheinischen Karnevals bei uns eingebürgert, wie z. B. das Faschingsprinzenpaar mit Hofstaat, Gardemädchen und -ballett, Büttenreden, Faschingsumzüge mit Werfen von Bonbons und Blumen.

Faschingsumzug in Lindenberg 2003

In Pfronten zeigen in der Fastnacht die **Scheckereiter** ihren Übermut und freuen sich, dass bald der Frühling kommt. Mit einem selbstgefertigten Steckenpferd aus einem dicken Brett, schön bemalt und mit Mähnen- und Schweifhaar aus Hanf, vorne und hinten mit einer Schnur zum Umhängen, ziehen die wilden Gesellen los, in einer alten Jacke, einer Lederhosen oder einer alten Hosen mit aufgenähten Flicken, das Gesicht mit Ruß geschwärzt, mit einer Kette oder einer Schelle zum Scheppern, ein Bockshorn zum Blasen und eine Geißel zum Schnalzen. Wenn sie sich in einer Wirtschaft niederlassen, sind sie nur mit Freibier zu besänftigen.
(Nach Pfrontner Liste - Claudia Stark, Philipp Hechenberger)

Gestaltungsmöglichkeiten

- Wohnung, Kinderzimmer mit Luftschlangen, Girlanden, Luftballons dekorieren
- Kinder oder Eltern mit Kinderschminke schminken; Haut zuvor mit Fettcreme schützen
- Masken gestalten in unterschiedlichsten Formen und aus verschiedenen Materialien, aus Papiertüten oder Schachteln oder Papptellern, Papiermasken, Gipsmasken aus Gipsbinden, Holzmasken schnitzen
- Maskenfest mit Maskenprämierung; Kinder-Maskenball mit lustigen Liedern, Spielen und Tänzen gestalten
- Faschingsfeier
- Fasnachtsverse lernen
- Teilnahme am Faschingsumzug; kleinen Umzug mit verkleideten Kindern organisieren

Rezept Faschingskrapfen

In 500g Mehl in einer Schüssel eine Vertiefung hineindrücken und 40 g Hefe hineinbröckeln. 1 EL Zucker und etwas warme Milch dazugeben, in der Mitte verrühren und zugedeckt an einem warmen Ort 10 – 15 Min. gehen lassen. Dann 60 g Zucker, 1 EL Salz, 80 – 100g Butter, 1 Tasse Rahm und 2 – 4 Eidotter (alles nicht zu kalt!) dazugeben, verrühren und abschlagen, bis der Teig Blasen wirft und sich von der Schüssel löst.

Den Hefeteig noch mal bis zur doppelten Größe gehen lassen. Dann 3 cm dick ausrollen und mit einem Weinglas runde Plätzchen ausschneiden. Man lässt die eine Seite im zugedeckten Topf mit heißem Butterschmalz bräunen; dann kommt erst die zweite Seite, so dass in der Mitte ein weißes Rändchen entsteht. Abtropfen lassen, mit dem Spritzbeutel ca. 200 g Aprikosen- oder Himbeermarmelade, mit 1 EL Rum verrührt, einspritzen und mit Puder- und Vanillezucker bestreuen.

Das Fett muss in der Pfanne so hoch stehen, dass die Krapfen schwimmen können. Das Fett darf nicht zu heiß sein, sonst verbrennt das Gebäck außen und innen ist es nicht fertig. Je größer das Gebäck, desto weniger heiß das Fett. Es darf aber auch nicht zu kalt sein, sonst saugt der Teig zuviel Fett auf. Der Teig soll nicht zu viel Zucker enthalten, weil das Gebäck sonst zu schnell bräunt und innen nicht fertig ist. Zum Abtropfen das Gebäck auf ein Sieb über Wasser stellen, so kann das abgetropfte Fett wieder verwendet werden.

Alternativrezept (nach Claudia und Ulrich Peters):
½ l Wasser, 80 g Butter oder Margarine und eine Prise Salz in einem Topf zum Kochen bringen. Dann 200 g gesiebtes Mehl dazugeben und verrühren und nochmal eine Minute erhitzen. Den Teig in eine Schüssel umfüllen und erkalten lassen, der Teig soll vom Löffel in langen Spitzen herunterhängen. Dann 5 - 6 Eier dazugeben, dann 1 gestrichenen Teelöffel Backpulver und 65 g gewaschene Rosinen. In einem Topf siedend heißes Fett vorbereiten. Mit einem Teelöffel, der vorher in heißes Fett getaucht wurde, kleine Teigbällchen abstechen und im heißen Fett schwimmend beidseitig hellbraun backen. Nach dem Abtropfen in Puderzucker wälzen.

Rezept Faschingsküachla

Einen Hefeteig ausrollen und mit einem runden Glas runde Plätzchen ausstechen. Darauf einen kleinen Löffel Marmelade geben und ein zweites Plätzchen darauf legen. Die Ränder innen mit Eiweiß bestreichen und zusammenkleben. Dann gehen lassen und schließlich in heißem Fett schwimmend ausbacken.

Aschermittwoch

Der Mittwoch vor dem 1. Fastensonntag Invocabit markiert als **Fasttag** seit dem siebten Jahrhundert den Beginn der vierzigtägigen Fastenzeit. Dabei sind die Sonntage nicht mitgerechnet, denn an ihnen musste man nicht fasten. Nach altem Brauch verzichtet man am Aschermittwoch auf Fleischspeisen und begnügt sich mit einer einmaligen Sättigung. Da Fisch nicht unter das Fastengebot fällt, werden Fischmahlzeiten und heutzutage auch Kässpatzenessen angeboten, wobei der materielle Gewinn der Gasthäuser zunimmt, der Fastengedanke aber abnimmt.

Asche wurde früher als Putzmittel verwendet und stellt so ein Symbol für die Reinigung der Seele dar. Die Asche wird aus verbrannten, geweihten Palmzweigen des Vorjahres gewonnen und galt früher als segensreich und wurde deshalb auf die Felder gestreut und in das Viehfutter gemischt.

Das **Aschenkreuz**, das die Gläubigen in der Kirche auf ihre Stirn bekommen, soll ein Zeichen für die Begrenztheit des eigenen irdischen Lebens sein, ein Symbol der Vergänglichkeit, der Buße, Reue und Umkehr:

„Gedenke o Mensch, Staub bist du und zum Staub kehrst du zurück."

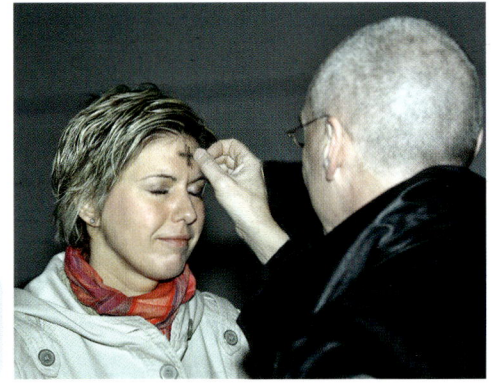

Aschenkreuz am Aschermittwoch

Fastenzeit

Die Fastenzeit ist etwa seit dem vierten Jahrhundert für Christen die Vorbereitungszeit auf die Feier des Oster-Geheimnisses. Man spricht von der **österlichen Bußzeit** als Zeit der Besinnung und der Umkehr durch Fasten. Sie dauert 40 Tage, wobei die Fastensonntage nicht mitgerechnet werden.

40 ist die Zahl der Vorbereitung und der Erwartung, dass Gott erfahrbar wird und etwas Entscheidendes geschieht. Jesus fastete 40 Tage in der Wüste, Israel wanderte 40 Jahre durch die Wüste, 40 Tage dauerte die Sintflut, 40 Tage lang predigte der Prophet Jona den Leuten von Ninive die Umkehr. In dieser vierzigtägigen Zeit sollte man seine Maske abnehmen, in den Spiegel schauen und sich auf das Fundament des Lebens besinnen. Wer sich besinnt, erkennt sich besser, wer eigene Schwächen erkennt, weiß wie wichtig Umkehr und Korrektur sein können.

Den Sinn des christlichen **Fastens** umschreibt Jesaia im Alten Testament: „Das ist ein Fasten, wie ich es liebe: die Fessel des Unrechts zu lösen, die Stricke des Jochs zu entfernen, die Versklavten freilassen, ... an die Hungrigen dein Brot auszuteilen, die Obdachlosen und Armen ins Haus aufnehmen, wenn du einen Nackten siehst, ihn zu bekleiden." (Jes 58, 6 – 7).

Das Wort „fasten" umschreibt die charakterliche Einstellung dessen, der fastet. Fasten (althochdeutsch „vasten") ist nämlich abzuleiten von „fest" und so bedeutet fasten „fest bleiben, festmachen".

Es geht also primär nicht so sehr um reales Fasten, sondern um die persönliche Einstellung, woran ich mein Leben festmache. Wichtig ist darum, mit allen Sinnen zu fasten, sich um der körperlich-seelischen Gesundheit willen in allen Bereichen einzuschränken, den Geist von unnötigem Ballast freizumachen für die wesentlichen Dinge unseres Lebens. Geistiges Fasten kann das Reduzieren von Fernsehen, Illustrierten und Computerspielen sein, oder das Zurückstellen einer Anschaffung oder eines Wunsches, das Aussetzen oder Aufgeben einer unguten bzw. ungesunden Gewohnheit, z. B. Süßigkeiten, Alkohol oder nach einem Streit ein Zeichen der Versöhnung zu setzen.

Fasten bedeutet einerseits, durch freiwilligen Verzicht Abstand zu Genüssen des Lebens zu bekommen und schließt andererseits das Teilen, den Verzicht zugunsten eines anderen Menschen ein. Diese soziale Dimension erhält der Buß- und Fastengedanke auch durch die kirchlichen Aktionen **„Misereor"** und **„Brot für die Welt"**. Mit dem Motto „Anders leben, damit andere überleben!" fordern sie die Menschen der reichen Länder zur Solidarität mit den armen Völkern auf.

Als Fasten mit den Augen und zur Meditation wurden in den Kirchen ab dem 5. Fastensonntag (früher Passionssonntag) die bunten Altäre mit violetten Tüchern oder bebilderten **Hungertüchern** verhüllt. Dieser Brauch ist seit dem Ende des 10. Jahrhunderts bezeugt. Die Hungertücher neuerer Zeit kommen vom Bischöflichen Hilfswerk Misereor in Aachen. Sie lenken den Blick auf die Leiden der Menschen, auf das Leiden Jesu und auf die Solidarität der Kirche mit den Armen.

Misereor-Hungertuch, gestaltet von Sieger Köder, am Hochaltar

Die Form der **Fastenbreze** kann die Bußhaltung der menschlichen Arme ausdrücken. Die Brezel wurde im Mittelalter nur in der Fastenzeit gebacken. Damals sah sie wie ein Kreis mit einem Kreuz in der Mitte aus und sollte an das Leiden Jesu erinnern. Flechtbackwerk erinnert an verschiedenartige Zöpfe, die ebenfalls als Bannmittel gegen Zauber und Hexen galten.

Gestaltungsmöglichkeiten:

- Einige Tage lang unter ärztlicher Begleitung eine Fastenkur machen, z. B. Heil-, Saftfasten (Dr. Hellmut Lützner / Helmut Million: Wie neugeboren durch Fasten. Gräfe und Unzer-Verlag München; oder: Otto Buchinger: Das Heilfasten. Hippokrates-Verlag Stuttgart)
- Gemeinsames Gestalten eines Hungertuches bzw. Fastentuches für das heimische Kreuz
- Kreuzwegstationen und/oder Kreuzwegerfahrungen unserer Zeit gestalten (aus Papier, Plakaten, Glasbilder, Stoffbilder, Rupfenstoff, Collagen, Papierreißbilder, Figuren aus Ton, Tonplatten u.a.)
- Einen persönlichen Fastenkalender mit konkreten Vorsätzen erstellen
- Ein guter Wegbegleiter für die Fastenzeit ist der Misereor-Fastenkalender *(www.misereor.de)*
- Ein gutes Buch lesen, ein Bild betrachten, einen gemeinsamen oder meditativen Spaziergang in die Natur machen, einen Bibeltext meditieren, z. B. „Wenn ihr fastet, macht kein finsteres Gesicht ..." (Matthäus 6, 16 - 21) oder Jesaja 58, 5 – 8, das Evangelium des jeweiligen Fastensonntages lesen und überdenken
- Besuch im Eine-Welt-Laden, sich über eine Eine-Welt-Aktion informieren
- Verzicht auf Fernsehkonsum als Gewinn für freie Zeit, für ein Gespräch, für einen Familien-Spiele-Abend oder einen Vorlese-Abend
- Fasten kann auch heißen: „Jeden Tag eine gute Tat!" oder „Auf den anderen zugehen"
- Sich eine Stille-Zeit ausnehmen
- Ein Zimmer aufräumen, Speicher bzw. Keller entrümpeln
- Kleiderschrank aufräumen, Kleider aussortieren und an eine Sammelstelle geben
- Krautspatzen als gutes Fastenessen

Rezept Krautspatzen

Aus 500 g Mehl, 5 Eiern, 1 Tasse Wasser und Salz einen glatten Teig rühren. Nach und nach den Teig durch den Spatzenhobel in kochendes Wasser drücken. Wenn die Spatzen nach dem Aufkochen nach oben kommen, diese mit dem Schaumlöffel abschöpfen und in warmem Wasser schwenken. In einer Pfanne 100 g Butterschmalz erhitzen und damit die Spatzen leicht anrösten. 200 g gekochtes Sauerkraut dazugeben und kurz mitrösten. Mit gebräunten Zwiebeln und Pfeffer abschmecken.

Bockbierfest

Der Ursprung des sogenannten Bockbieres liegt in der ehemaligen Hansestadt Einbeck in Niedersachsen. Das dort im Mittelalter gebraute Bier wurde als Luxusware bis nach Italien exportiert. Um die nötige Haltbarkeit für den Export zu erreichen, braute man es mit höherer Stammwürze und weniger Wasser und erreichte so ein schweres, alkoholreiches Bier.

Seit 1555 ließ sich auch der herzögliche Hof in München aus Einbeck beliefern und 1614 wurde der Braumeister Elias Pichler von Einbeck an das Hofbräuhaus nach München abgeworben, der fortan in München sein „Ainpöckisch Bier" braute. In der Münchner Mundart wurde daraus im Laufe der Zeit die Bezeichnung „Bockbier".

Die Paulanermönche in München hatten strenge Fastenregeln, u. a. durften sie in der Fastenzeit nur flüssige Nahrung konsumieren. Deshalb hielten sie sich an das ainpöckische, sehr kalorienhaltige, noch nicht filtrierte Bier. 1629 erlangten die Paulanermönche von Kurfürst Maximilian I. selbst ein Privileg zum Brauen und stellten dann ihr eigenes Bier her. Damit es noch sättigender und stärker wurde, erhöhten sie die Stammwürze, deshalb später der Name Doppelbock. Zur Ehre ihres Ordensgründers, dem heiligen Franz von Paola, wurde dieses Bier alljährlich bis zum 2. April, seinem Todestag, gebraut und „Herrenbier" oder auch „Sankt-Vaters-Bier" genannt, daraus wurde später der Begriff „Salvator".

Der Musikverein Buchloe veranstaltet seit einigen Jahren jährlich in der Fastenzeit einen Abend mit Ausschank des Bockbieres. Dieses wird auch Starkbier genannt, da es mit einem höheren Stammwürzegehalt (über 16%) als ein normales Vollbier eingebraut wird. Bei diesem Bockbierfest wird von der Stadtkapelle ein Geißbock oder ein Schafbock verlost, obwohl dieser namentlich mit dem Bockbier nichts zu tun hat.

Funkenfeuer

Am Abend des ersten Sonntags in der Fastenzeit (Sonntag nach Aschermittwoch) werden auf vielen Hügeln im Allgäu große Feuer entzündet. Man nennt sie „Funken". Sie sollen ein Relikt aus der heidnischen Zeit sein, um den Winter und böse Geister zu vertreiben. Die Verbrennung einer Puppe aus Lumpen und Stroh oder eines strohumwickelten Stangenkreuzes („d'Hex") auf dem Funken ist kein Überbleibsel der schrecklichen Hexenverbrennungen der frühen Neuzeit, sondern vermutlich erst im 19. Jahrhundert in Anlehnung an die Fastnacht entstanden, meist als Wintersymbol gedeutet, da ausgedroschenes Stroh für den Winter steht. In der heutigen Zeit wird das bei Alt und Jung sehr beliebte Funkenfeuer meist zum gesellschaftlichen Ereignis mit Essen und Trinken. Es werden köstliche Funkenküchle (siehe Rezept) gebacken und zum Trinken gibt es Glühwein und Kinderpunsch. Mancherorts wird sogar eine Musikkapelle engagiert. Bei diesen, im Rahmen der Brauchtumspflege stattfindenden Aktionen dürfen aber laut Gemeindeordnung aus Umweltschutzgründen nur trockene Gartenabfälle (Äste, Sträucher), sowie unbehandeltes Holz und keinerlei Abfälle oder Müll verbrannt werden.

Funken mit „dr Hex"

Rezept Funkenküchle

Zutaten: $^1/_8$ *l Milch, 500 g Mehl, 40 g Hefe, 80 g Zucker, 70 g weiche Butter, 2 Eier, 1 Prise Salz, Öl zum Bestreichen, ca. 1,5 kg Fett zum Ausbacken, ein wenig Zucker oder Puderzucker zum Bestreuen der fertigen Küchle.*

Zubereitung: Die Hefe in ein wenig lauwarmer Milch gehen lassen und dann mitten in das mit dem Zucker vermischte Mehl geben. Den Teig ca. 30 Minuten gehen lassen. Dann kommen Butter, Eier und die übriggebliebene Milch sowie die Prise Salz dazu. Alles gut miteinander verkneten, bis der Teig Blasen wirft. Nun lässt man ihn nochmals eine Stunde gehen. Dann schneidet man ca. 15 große ovale Stücke ab, setzt diese auf ein mit Mehl bestreutes Brett, bepinselt sie evtl. mit Öl und lässt diese wieder eine halbe Stunde gehen.

Das Frittierfett erhitzen. Es hat die richtige Temperatur, wenn an einem hineinge-haltenen Holzstiel kleine Bläschen aufsteigen. Die Teigstücke von der Mitte her nach außen unter ständigem Drehen ausziehen, so dass das runde Innenfeld hauchdünn wird, der äußere Rand dagegen dick ist. Geschickte Köchinnen machen diese über dem Knie! Die Küchle sofort auf beiden Seiten je etwa 2 Min. im schwimmenden Fett goldbraun ausbacken. Noch heiß mit Puderzucker oder Zucker bestreut servieren.

Josefstag 19. März

Der hl. Josef wird als Verlobter Marias und als Pflegevater Jesu verehrt und als Zimmermann, zumeist mit Beil oder Säge, mit dem Jesuskind auf dem Arm, mit einer Lilie oder manchmal auch mit einem Wanderstab dargestellt.

Bis 1968 war der Josefitag ein bayerischer Feiertag. Heute bekommt noch jeder Josef und jede Josefa bzw. Josefine am Josefstag in Andechs nach Vorlage des Personalausweises an der Bräustüberl-Schänke eine Maß Freibier. Zuvor kann er noch um 10.30 Uhr die hl. Messe zu Ehren des hl. Josefs in der Andechser Wallfahrtskirche besuchen. Alle Seppen dürfen an diesem Tag auch kostenlos mit der Bergbahn auf den Wendelstein fahren.

Der hl. Josef wird auch verehrt als Beistand für eine gute Sterbestunde. In Buchloe gab es von 1735 bis 1804 eine „Josefs"- oder „Gute-Tod-Bruderschaft". Der Josefsaltar (1729 – 1740) im nördlichen Seitenschiff der Stadtpfarrkirche ist dem hl. Josef gewidmet und zeigt im Altarbild Josef auf dem Sterbebett mit Maria, Jesus und Engeln.

Josefsaltar mit dem hl. Josef auf dem Sterbebett (um 1730)

1. April

Am 1. April kann man seine Mitmenschen mit erfundenen Geschichten und sinnlosen Aufträgen hereinlegen, das nennt man **„April schicken"**. Man trägt ihm etwas auf, was sich als unsinnig herausstellt, z. B. beim Metzger ein Pfund Ibidumm oder Haumichblau oder schwarze Kreide holen. Wenn er unverrichteter Dinge zurückkommt, wird er mit „April! April!" verlacht.

Man weiß nicht genau, woher dieser Brauch kommt: von alten Frühlingsfesten, von den Wetterlaunen des Aprils oder der April-Narr verkörpert den machtlosen Winter, der getäuscht und geneckt wurde, damit er sich möglichst schnell verzog? (nach Manfred Becker-Huberti). Somit eröffnet der Aprilscherz den Frühling.

Passionssonntag

An diesem Fastensonntag wurde früher in der Kirche das Kreuz bis zur feierlichen Enthüllung am Karfreitag mit einem violetten Tuch umhüllt. In einigen Pfarreien wird das Hungertuch der Misereor-Hilfsaktion ausgestellt, denn heutzutage ist es der Tag der Solidarität mit den hungernden Völkern. In den Kirchen wird das **Fastenopfer „Misereor"** bzw. **„Brot für die Welt"** erbeten. In vielen Pfarreien hat sich der Brauch des **Fastenessens** herausgebildet. Man trifft sich nach dem Sonntagsgottesdienst im Pfarrheim zu einem einfachen Mittagessen, z. B. Kartoffelsuppe oder Erbsensuppe mit Würstchen und Brot. Es soll bewusst machen, dass viele Menschen auf der Erde froh wären, wenn sie täglich das zu essen hätten, was für uns ein einfaches Essen ist.

Gestaltungsmöglichkeiten

- Bedeutung des Kreuzes: In der Antike Hinrichtungsform für Schwerverbrecher, ein Schandmal; für Christen durch den Kreuzestod Jesu ein Zeichen der Hoffnung und der Zukunft; ein Halskreuzchen, ein Kreuz in der Wohnung als Zeichen der Verehrung und des Bekenntnisses zu Christus
- Ein einfaches Familienkreuz aus Holz herstellen; daran Zettel mit Fragen und Sorgen anheften; bei Gelegenheit Sorgenzettel gemeinsam besprechen; Zettel an Ostern mit dem Feuer der Osterkerze verbrennen
- Kreuzwegstationen in der Kirche abgehen, betrachten und dazu beten
- Kreuzwegstationen auf einem Kalvarienberg abgehen.
- Flurkreuze dokumentieren und säubern
- Ein Feld-, Wegkreuz mit Blumen schmücken
- Blumenzwiebel (Hyazinthe, Gladiole, Amaryllis) in einem Töpfchen oder im Garten pflanzen
- Brauch der „Ostersaat" aus dem Sudetenland pflegen: Wenn man 2 bis 3 Wochen vor Ostern, spätestens am Passionssonntag, Weizen- oder Gerstekörner oder Kressesamen oder Grassamen in eine Schale mit Erde- und Sägemehl-Gemisch sät, diese an Licht und Wärme stellt und regelmäßig gießt, können Kinder an der Entwicklung vom Samen über den Keimling zur Pflanze das Wunder des Lebens beobachten. An Ostern haben wir dann ein lebendiges Osternest für Ostereier. Dazu passt auch das Lied „Freu dich, erlöste Christenheit" (Gotteslob Nr. 820): „Das Weizenkörnlein nicht verdirbt, wiewohl es in der Erd' erstirbt."

Palmsonntag

Der Sonntag vor Ostern ist der Palmsonntag. Mit diesem Tag beginnt die Heilige Woche als Höhepunkt der vierzigtägigen Fastenzeit.

In der Kirche erinnert man sich an den Einzug Jesu in Jerusalem, bei dem ihn die Leute mit Palmzweigen als König und Messias begrüßten. Er reitet auf einem Esel, dem Lasttier der armen Leute und nicht auf dem Pferd, dem Reit- und Kampftier der Könige. Damit zeigt er, dass Gottes Reich nicht mit politischer Macht und Herrlichkeit anfängt, sondern mit der Kraft des Macht- und Herrschaftsverzichtes.

Nachweisbar schon seit 400 n. Chr. führen die Christen nach der Palmweihe Palmprozessionen durch. In einigen Pfarreien gibt es noch die rollenden holzgeschnitzten **Palmesel**, die im Mittelalter bei den Palmprozessionen mitgeführt wurden, um den Einzug Jesu leibhaftig mitzuerleben, z.B. in Landsberg ein von Luidl geschnitzter Palmesel mit Christus. Alter Brauch in der Familie ist: „Wer am Palmsonntag als Letzter aufstaut, isch dr Palmesel!".

Die **Palmprozession** mit der Segnung der Palmboschen beginnt heutzutage an einem Ort außerhalb der Kirche. Sie ist ein öffentliches Bekenntnis zu Christus, dessen Königswürde offenbar wird. Die Weiheformeln erflehen für die Palmen die Kraft, die Gläubigen gegen alle Übel zu schützen

Palmprozession

und alle Orte, an denen die Palmen aufbewahrt werden, vor Krankheit und Unheil zu beschirmen.

Anstelle der Palmenwedel hat man in unseren Breitengraden die Weidenkätzchen zu **Palmboschen** umfunktioniert. Buchszweige werden dazu als Friedenszeichen verwendet; sie galten im Heidentum als Zauberbanner und als Symbol der Fruchtbarkeit.

Palmprozession

Ursprünglich bestand der Palmbüschel aus 12 Hölzern, u. a. Eiche, Holunder, Berberitze, Weide, Wacholder, Hasel, Buche, Birke, Stechpalme, Eibe und Thuja. Um die bösen Geister unter der Rinde auszutreiben, wurden die Palmstecken geschält und verziert. Für die Stangen der größeren Palmboschen werden auch geschälte Haselnussstecken verwendet. Bei den Kelten wurden mit der Haselnuss böse Geister abgewehrt. Holunderhölzchen, die im Osterschmuck eingebracht wurden, sollten mit ihrem Klappergeräusch Geister und Hexen vertreiben.

Der alte Brauch, geweihte Palmzweige von der Prozession am Palmsonntag mit nach Hause zu nehmen und hinter das Kreuz in der Wohnung zu stecken, hat sich vielerorts erhalten. Sie sollen das Haus vor allem vor Blitz und Gewitter schützen.

S′Palmetrage ist Brauch in Pfronten: Die Vorbereitungen beginnen schon im Januar, wenn bei Nachbarn und Bekannten nachgefragt wird: „Derf ba huir an Palme bringa?". Gebunden werden d'Palme von Buben ab einem Alter von etwa sechs Jahren, zusammen mit Vater und Großvater. Lange vor Palmsonntag werden auf Spaziergängen die Zutaten für den Palmboschen gesammelt und Zweige mit Wasser versorgt, damit sie am Palmsonntag zum Austreiben und Blühen kommen.

Seit jeher macht man einen Unterschied zwischen den Pfrontnern, die nördlich der Vils wohnen, den Usserpfärrlern, und den Pfrontnern, die südlich der Vils wohnen, den Unterpfärrlern. Auf Grund der jeweiligen Landschaftslage und Sonneneinstrahlung kommt es zu einer unterschiedlichen Vegetation, die sich auch in den unterschiedlichen Palmen zeigt. In der Usserpfarr steckt in der Mitte des Palmen ein Kirschzweig oder ein Hälsablua (Kornelkirsche) und darum werden Weißdoos, Rotdoos, Eibedoos, Buacheloaba (Buchenlaub), Stechholder, Palmkätzchen und zum Teil Buchs und Riebeleharta (Erika) gebunden. In der Unterpfarr wird um einen gegabelten Haselnussstock Weißdoos, Eibedoos, Wacholderdoos, Palmkätzchen, Riebeleharta, Buacheloaba und manchmal auch Stechholder gebunden. Alle Palmboschen werden mit zuvor längsgeteilten und in Wasser eingeweichten Schlenggeruata (Schneeball) umwickelt.

Am Palmsonntag werden die mühevoll gebundenen Palmboschen zur Kirche getragen, dort vom Pfarrer geweiht, und anschließend in den jeweiligen Häusern verteilt. Der Palme wird in den Herrgottswinkel gesteckt, in dem er ein Jahr verbleibt, bis der neue Boschen von einem Bub gebracht wird und der alte verbrannt werden kann. Je nachdem, wie groß der Palmboschen ist, bekommt der Bub 10 bis 15 Euro und Süßigkeiten. *(Nach Pfrontner Liste - Claudia Stark, Philipp Hechenberger)*

In der evangelischen Kirche wurden ursprünglich am Palmsonntag die Jugendlichen **konfirmiert** und damit vollverantwortlich in die Kirchengemeinschaft aufgenommen.

Gestaltungsmöglichkeiten

- Palmboschen basteln: Holunderstecken entrinden, Haselnussstecken einkerben und evtl. spiralig entrinden, mit ausgeblasenen und angemalten Eiern, evtl. Plastikeiern schmücken, mit Buchs-, Wacholder- oder Thujazweigen und Palmkätzchen und einem roten Band oder Krepppapier binden

Palmboschen mit Buchs und Palmkätzchen und einem ausgeblasenen Osterei an einem entrindeten Holunderstecken

Gründonnerstag

Der Name Gründonnerstag kommt wohl von dem alten Wort „greinen", das „weinen" bedeutet. Jesus ging nach dem Abendmahl in den Garten Gethsemane und betete und weinte da. Früher wurden an diesem Tag kurz vor Ostern nämlich die am Aschermittwoch ausgeschlossenen Sünder und Büßer wieder in die Kirchgemeinschaft aufgenommen und sie weinten dabei Tränen der Reue und Freude. Außerdem schmückten sie sich mit jungem Grün, als Zeichen dafür, dass die einstmals „dürren Zweige am Stamm der Kirche" nun wieder neu aufblühen und leben.

Dieser Tag ist geprägt von der **Einsetzung der Eucharistie,** des hl. Abendmahles als Zeichen des neuen Bundes im Mahl, das Gemeinschaft mit Gott stiftet, von der Fußwaschung als Zeichen der Demut eines christlichen Miteinanders, vom Abschied Jesu von seinen Jüngern, von der Angst der Ölbergnacht, von Verrat, Verhaftung und Verhör Jesu.

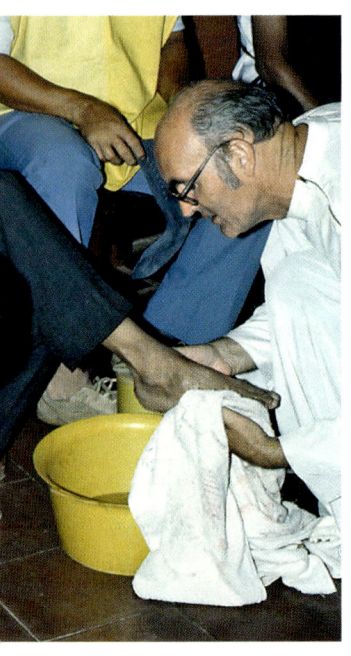

Fußwaschung am Gründonnerstag

Die Abendmahlfeier findet am Abend des Gründonnerstages nur in der Pfarrkirche statt. Beim Gloria klingt die Orgel und läuten alle Glocken zum letzten Mal. Auf Grund der Trauer um das Leiden Jesu bleiben sie stumm bis zum Gloria in der Osternacht. Im Volksmund sagte man früher: „Die Glocken fliegen nach Rom, um den Ostersegen zu holen."

Allmählich wird auch in der katholischen Kirche die Kommunion unter beiderlei Gestalten (Brot und Wein) wieder mehr praktiziert, vor allem bei der Abendmahlfeier am Gründonnerstag. In einigen Pfarreien wird die **Fußwaschung**, früher ein Sklavendienst, symbolisch als Zeichenhandlung des neuen Gebotes der dienenden Liebe an ausgewählten Frauen und Männern vom Pfarrer vollzogen. Sie hat eine lange biblische Tradition in der jüdischen Fußwaschung an Gästen (bei Abraham in Genesis 18).

Zum Zeichen der Trauer mit Jesus für die lange Nacht der Angst und des Leidens und der Wegnahme seiner Kleider werden nach dem Gottesdienst die **Altäre entblößt**, d. h. alle Blumen, Kerzen und Schmuckgegenstände werden entfernt.

Nach der Abendmahlfeier werden am Gründonnerstagabend Betstunden gehalten. In Buchloe ist es Brauch, dass Jugendliche aus der Pfarrei die letzte Betstunde gestalten und sich am Karfreitagmorgen zu einem Morgenlob und einem gemeinsamen Frühstück treffen.

Am Gründonnerstagvormittag, - in der Diözese Augsburg am Karmittwoch - , weiht der Bischof in einem eigenen Gottesdienst die drei heiligen Öle, den Chrisam, das Katechumenen-Öl und das Krankenöl, die bei Taufe, Firmung und Krankensalbung gebraucht werden.

In Kaufbeuren-Neugablonz wird noch ein alter Oster-Brauch aus dem Sudetenland gepflegt: das **„Griendurschtich-Giehn"** (Gründonnerstag-Gehen). Die meisten Neugablonzer Geschäftsleute im Zentrum der Schmuckstadt bereiten sich darauf vor und geben jedem Kind, das sein Sprüchlein „Gelobt sei Jesus Christus zum Gründonnerstag" aufsagt, eine Kleinigkeit, von der „Rejcherworst" bis zum Luftballon, Schokoladenei oder Bonbon.

Karfreitag

Karfreitag, den Todestag Christi, feiert man seit dem 2. Jahrhundert als **Trauer- und Fastentag**. Es ist der Tag des Leidens und Sterbens Jesu, Gedächtnis der Liebe Gottes zu uns Menschen. Jesus gibt sein Leben für seine Freunde.

Der Name Karfreitag kommt von „char" und „kara", d.h. althochdeutsch: Klage, Kummer, Trauer. An diesem Tag war Stille angesagt. In den ländlichen Gegenden durfte man früher nicht in's Wirtshaus gehen, es durfte keine Wäsche draußen hängen, es wurden nur die wichtigsten Arbeiten getan und die Kinder durften nicht laut und fröhlich spielen.

Um 15 Uhr - die überlieferte neunte Todesstunde Jesu - beginnt die **Feier vom Leiden und Sterben Jesu** mit dem Wortgottesdienst, den Großen Fürbitten und der Kreuzverehrung. In der Liturgie dominiert seit dem 2. Vatikanischen Konzil die Farbe Rot, Farbe des Blutes und der Liebe. Der Karfreitag kennt keine Eucharistiefeier. In vielen katholischen Pfarreien wird die Kommunionspendung mit konsekrierten Hostien angeboten. Einige Pfarreien verzichten auf eine Kommunionspendung, nach dem Schriftwort „Es werden aber Tage kommen, da wird ihnen der Bräutigam genommen sein; dann werden sie fasten." (Mt. 19, 14 f)

Karfreitag-Rätschen

Da nach dem „Gloria" am Gründonnerstagsgottesdienst bis zum „Gloria" am Ostermorgen die Kirchenglocken schweigen, erinnern die Ministranten mit stationären Kastenratschen und tragbaren Flügelratschen an den Beginn der Gottesdienste. Die Ratschen sind aus der Zeit, als es noch keine Kirchenglocken gab. Es sind reine Lärminstrumente, z.B. zum Verjagen von Vögeln in Weinbergen. Das Wort ratschen ist zu einem Bildwort für „schwätzen" und „tratschen" geworden, daher der schwäbische Name Ratschkattel für ein geschwätziges Weib.

In einigen ländlichen Orten, z.B. in Lindenberg, ziehen die Minis-tranten mit den Rätschen auch durch den Ort und sammeln von Haus zu Haus Eier oder Geldspenden.

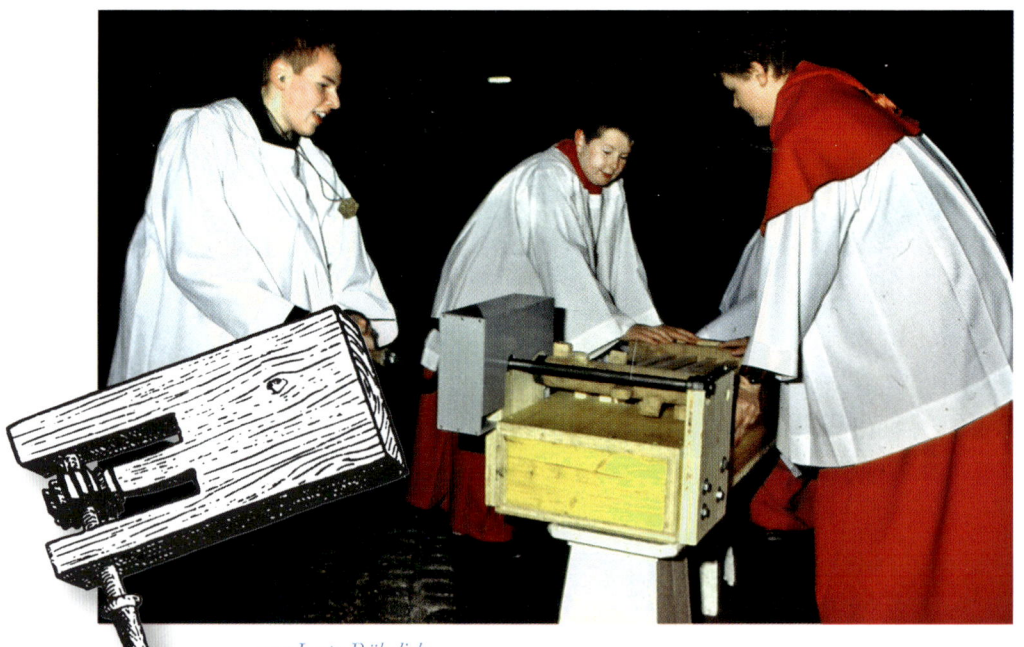

aus: Lutz Röhrich:
Lexikon der sprichwörtlichen Redensarten.
Freiburg 1973

Kruzifix von Veit Stoss (1520) in der Kirche in Jengen

Karsamstag

Der Karsamstag ist für Christen der Tag der Grabesruhe Jesu, ein stiller Tag ohne liturgische Feier. Am nachgebildeten **Heiligen Grab** wachen die Christen in Betstunden, in der Hoffnung auf die Auferstehung. Blumen und reicher Schmuck am Hl. Grab sind Zeichen dafür, dass der Grabstein schon „wackelt", dass der Tod das Leben nicht mehr halten kann.

Heiliges Grab

S'Fuirspringe, ein alter Brauch am Karsamstag in Pfronten: Meist schon ein Jahr vorher bringt der Vater aus dem Holz einen Buchenschwamm mit, um ihn für das Feuerspringen gut durchtrocknen zu lassen. Nach dem Palmsonntag suchen Vater und Sohn auf dem Spaziergang einen ca. drei Meter langen, gerade gewachsenen Haselnuss- oder Eschenstock. Dieser wird bis zur Hälfte gespalten und nimmt den durchgetrockneten Buchenschwamm auf, der noch mit Draht umwickelt wird, damit er nicht herausfällt. Zudem werden mehrere, kleine trockene Schwammstücke hergerichtet, die so genannten Zunzeln, die später in die Häuser getragen werden.

Am Karsamstag, früh um sieben, marschieren die Buben dann mit ihren Buchenschwämmen zur Kirche, wo der Mesner auf dem Kirchplatz bereits ein Feuer entzündet hat. Nachdem der Pfarrer das Feuer geweiht hat, halten alle Buben ihre Schwämme dort hinein, bis der Schwamm brennt. Wenn der Schwamm brennt, kürzt man den langen Stock, läuft mit dem geweihten Feuer in seine Ortschaft und fragt an jedem Haus: „Brauch'ba a gweihts Fuir?"

Man zündet eine Zunzel am Buchenschwamm an und legt diese auf eine Schale oder Kehrschaufel, auf der das geweihte Feuer in die Stube getragen wird. Man räuchert mit den rauchenden, wohlriechenden Schwammstücken Zimmer, Stall und Scheune, um den Winter aus dem Haus zu treiben und alles Unglück von Haus und Hof fernzuhalten. Als Lohn erhält der Bub einen kleinen Geldbetrag. Im christlichen Sinn sollen Licht und Wärme des Feuers Jesus Christus versinnbildlichen.
(Nach: Pfrontner Liste - Claudia Stark, Philipp Hechenberger)

Gestaltungsmöglichkeiten:

- Ölbergandacht, Kreuzwegandacht besuchen
- Johannes-Passion oder Matthäus-Passion von Johannes Sebastian Bach anhören
- Ostern vorbereiten: Osterlamm und Osterbrot backen, Ostereier kochen und färben, Osternester bauen, Osterkerze verzieren, Zweige für Osterstrauß ins Haus holen und mit verzierten Eiern behängen, Osterbusch im Garten mit bunten Eiern schmücken, Osterkorb für Speisenweihe herrichten

Ostern

Ostern ist ein beweglicher Feiertag und wird seit dem von Kaiser Konstantin einberufenen Konzil von Nizäa (325 n. Chr.) am 1. Sonntag nach dem 1. Frühlingsvollmond gefeiert, frühestens am 22. März und spätestens am 25. April, da der Frühlingsbeginn am 21. März ist.

Ostern ist das älteste und höchste Fest der Christen. Sie freuen sich über die **Auferstehung** von Jesus und damit auch über ihre eigene Auferstehung. Jesus hat den Tod überwunden, weil Gott ihn zu neuem Leben erweckt hat, er wird auch uns neues Leben schenken. Deshalb ist mit dem Tod nicht alles aus, sondern mit der Auferstehung fängt das Leben erst an. Das ist der Kern der christlichen Frohbotschaft.

Der Auferstandene

Schon in vorchristlichen Zeiten feierten die Menschen ein Frühlingsfest. Das Wort „Ostern" leitet sich vom indogermanischen Wort „Eostro", althochdeutsch „ostarun", für „Morgenröte" ab. Frühchristlicher Brauch war es, die Nacht vor Ostern wachend, betend und mit Schriftlesungen zu verbringen, um sich so zu rüsten für die Feier der Auferstehung in der gemeinsamen Eucharistiefeier mit Anbruch des Tages. Mit dem Begriff Ostern ist, nach Brauchtumsforscher D.-R. Moser, die Liturgie beim morgendlichen Auferstehungsfest benannt.

Im Französischen heißt Ostern „Paques", was von Pasques kommt und sich vom Pessah-Fest der Juden ableitet. Die Wurzeln des Osterfestes liegen im jüdischen Passah-Fest (Pessach-Fest), das am ersten Vollmond des Frühlings gefeiert wurde und wird. Bis zum 3. Jahrhundert feierte man Ostern an einem einzigen Tag. Im 3. Jh. wurde die Karwoche als Vorbereitungszeit eingeführt. Erst im 4. Jh. führte man die drei heiligen Tage vom Gründonnerstagabend bis Ostersonntag als Höhepunkt des Kirchenjahres ein.

Die Feier der **Osternacht** in der Nacht der Auferstehung ist in der orthodoxen und katholischen Kirche Ausgangspunkt und Mitte jeglicher gottesdienstlicher Feier, Urfeier des Lebens. Die Kirche erwartet die Auferstehung des Herrn und feiert diese in heiligen Zeichen und Symbolen. Die Liturgie der Ostervigil besteht aus vier Teilen: Lichtfeier, Wortgottesdienst, Taufe bzw. Tauferneuerung, Eucharistiefeier. Nach Möglichkeit werden in der Osternacht Kinder getauft und in das Leben der Kirche eingegliedert.

Das Feuer, das den Lebensraum des Menschen erhellt und erwärmt, ist in allen Kulturen ein Symbol für Leben und Wachstum. Es symbolisiert die Sonne als Mittelpunkt unseres Lebens; ohne Sonne ist kein Leben auf unserer Welt möglich. Diese Bedeutung wird im christlichen Sinne im **Osterfeuer** auf Gott und Jesus übertragen.

Osterfeuer

Ursymbolik der Kerze ist, dass sie ihren Leib vom Feuer verzehren lässt. Am geweihten Osterfeuer wird die neue **Osterkerze** entzündet, das Symbol für den auferstandenen Christus, der Licht in das Dunkel der Nacht des Todes brachte, als Symbol des Lebens und der Freude. So ist die Osterkerze liturgischer Mittelpunkt der Osternacht.

Osterkerze

Im christlichen Glauben ist die Osterkerze im 4. Jahrhundert entstanden. Sie wird zum erstenmal 384 in Piacenca in einem Brief des heiligen Hieronymus erwähnt. Die Osterkerze gilt als Symbol für Christus, das Licht der Welt. Da der Auferstandene Anfang und Ende jeder Geschichte ist, wird sie mit dem ersten und letzten Buchstaben des altgriechischen Alphabets Alpha und Omega, den fünf Kreuzigungsnägeln bzw. fünf Weihrauchkörnern als Erinnerung an die fünf Wunden Jesu und der jeweiligen Jahreszahl bezeichnet. Die brennende Osterkerze wird in der Osternacht in einer Prozession in die dunkle Kirche getragen. Der Priester ruft dabei dreimal „Lumen Christi" („Christus das Licht"), während die Gemeinde antwortet „Deo gratias" („Dank sei Gott"). Das Licht der Osterkerze wird an die Gläubigen weitergereicht, die es einander weitergeben und damit den Kirchenraum feierlich erhellen. Es folgt das Exsultet, das Lob auf die Osterkerze, das Lob auf Christus. Lesungen aus dem Alten und Neuen Testament bestimmen den Wortgottesdienst. Mit dem „Gloria", bei dem erstmals wieder die Orgel erklingt und die Kirchenglocken läuten, wird der letzte Rest der Dunkelheit weggenommen.

Durch die Auferstehung Christi können auch wir durch die Taufe zu neuem Leben auferstehen. Im 4. Jahrhundert wurde die Osternacht zur großen **Taufnacht** der Kirche, dadurch entstand die Verbindung von Ostern und Taufe.

Osternacht

Weihe des Osterwassers

Der Priester weiht das **Taufwasser** für das kommende Jahr. Mit dem geweihten Taufwasser werden alle Christen auf Tod und Auferstehung Jesu getauft.

Die Gläubigen nehmen das geweihte **Osterwasser** anschließend mit nach Hause, es soll sie und ihre Häuser vor Unheil schützen. Wie viele andere Bräuche geht auch das Osterwasser auf eine vorchristliche Entstehung zurück. Wasser und Quelle sind Ursymbole für die Schöpfung. Das Wasser reinigt, erfrischt, heilt, belebt. Es steht als Zeichen des Lebens und der Fruchtbarkeit.

Die anschließende Eucharistiefeier wird im Zeichen der Gegenwart des auferstandenen Christus gefeiert.

Einer der ältesten Osterbräuche, der sich bis ins 12. Jahrhundert zurückverfolgen lässt, ist die **Eier- und Speisenweihe.** Dabei werden vom Priester die Inhalte des Weihekorbes gesegnet. Mit dem „Gweichten" wird die Mahlgemeinschaft der Eucharistiefeier in die Familien getragen und dort weitergeführt in Erinnerung an das Paschamahl, das Jesus mit seinen Jüngern feierte.

Im **Oster-Weihekorb** sind auf einem weißen, rot bestickten oder bedruckten Leinentuch

- gefärbte *Ostereier* als Zeichen für die Auferstehung,
- ein aus Biskuitteig gebackenes *Osterlamm* mit Fahne als Zeichen für Jesus und für das ewige Leben,
- ein *Osterzopf* bzw. Osterfladen und *Brot* als Zeichen des Lebens,
- *Salz* als Zeichen für die Würze des Lebens,
- *Meerrettich* als Zeichen für die Bitternis des Lebens,
- ein geräucherter *Osterschinken* als Zeichen für die Fülle des Lebens und
- eine verzierte *Osterkerze* als Zeichen für den auferstandenen Jesus.

Das **Osterlamm** als Symbol der Erlösung entstand aus dem Ritual der Juden, zum Paschafest zum Gedenken an Gott ein Lamm zu schlachten und zu verspeisen. Im Lamm ist Christus versinnbildlicht.

Als Christus, „geduldig wie ein Lamm", am Kreuz starb, wurden gegenüber von Golgotha auf dem Tempelberg von den Juden die Paschalämmer geschlachtet. Christus hat den Tod überwunden, deshalb trägt das Lamm meist eine Siegesfahne. Der nach rückwärts gewendete Kopf fordert zur Nachfolge Christi auf.

Weihekörbe für die österliche Eier- und Speisenweihe

Der **Osterschinken** symbolisiert das Lamm des jüdischen Paschamahles. Das **Osterbrot** weist auf das Mazot, das ungesäuerte Brot hin und symbolisiert Christus als das lebendige Brot.

Das **Osterei** steht für das neue Leben und die Auferstehung. Die Schale des Todes wird vom Leben zerbrochen, wie Jesus Christus Tod und Grab mit der Auferstehung überwand. Das Ei ist auch Symbol des Neubeginns und der Liebe.

Einige Osternachtbesucher entzünden ihre eigene Osterkerze an der kirchlichen Osternachtskerze und nehmen das Licht, z. B. in einer Laterne mit nach Hause, auch das Osterwasser wird in einem Tonkrug oder einer Flasche mitgenommen. Einige bringen das Licht der Osterkerze auch auf das Grab der verstorbenen Familienmitglieder.

Beim gemeinsamen Oster-Frühstück, dem **Ostermahl,** brennt die Osterkerze in der Mitte des mit einem Frühlingsstrauß geschmückten Tisches und jeder isst von den geweihten Speisen des Osterkorbes.

Stadtpfarrer Reinhold Lappat hat in Buchloe den bis zur Mitte des 19. Jahrhunderts beliebten altkirchlichen Brauch des **Osterlachens** („risus paschalis") wieder eingeführt, wobei der an die Auferstehung glaubende Christ den Tod auslachen kann. Nach dem Ostergottesdienst bringt er durch Erzählen von Witzen die Gottesdienstbesucher zum Oster-Lachen als Äußerung des erwachenden Lebens und als Ausdruck der wiedergewonnenen Lebensfreude.

Für die Kinder lässt man an Ostern „den **Has' legen**": Jedes Kind hat in den Garten sein Osternest aus Moos und Daas-Zweigen gebaut. Unbeobachtet hat die Mutter Eier und Süßigkeiten ins Nest gelegt und als der Vater dem Osterhasen pfiff, hatte er etwas ins Nest gelegt.

Früher haben die Kinder für den Osterhasen und seine Ostereier ein Hasengärtchen - „a Hasagätla" - gebaut, mit Moos, Blättern, Ästchen, Rindenstückchen, Grasbüscheln und Steinchen.

Dr Has hot glegt!

Zum **Ostereier-Suchen** können die Ostereier auch in der Wohnung oder im Garten versteckt werden.

Um die Jahrhundertwende begann der **Osterhase** seinen Siegeszug durch die österlichen Bräuche in Deutschland, zuerst im städtischen Raum. Damals war es Brauch, dass die Paten mit den Kindern den Osterhasen jagten, um so an die versteckten Eier zu kommen. Der Hase musste deshalb herhalten, weil Hennen nicht so flink waren und auch keine bunt verzierten Eier legten. Von Ausgrabungen weiß man, dass bereits die Römer den Hasen mit Eiern in Verbindung gebracht haben. In der Antike war der Hase - auch wegen seiner Zeugungsfreudigkeit -, ein Sinnbild des Lebens, des Wachstums, der Fruchtbarkeit und der Wachsamkeit. Angeblich schläft er mit offenen Augen, also allzeit wachsam. In Byzanz war der Hase in christlicher Deutung ein Symbol für Christus und bei den Christen der Spätantike und des Mittelalters ein Symbol für die Auferstehung.

Es gibt auch die Deutung, der Osterhase sei wahrscheinlich aus einer Missbildung des Osterlammes entstanden. Nicht jeder Bäcker war so geschickt, ein Lamm aus Teig formen zu können.

Eine andere Deutung verweist auf den Gründonnerstag, der früher Abgabe- und Zinstermin für den Schuldner an den Gläubiger war. Die Schulden wurden manchmal auch in Eiern und Hasen bezahlt. Eine weitere Überlieferung besagt, dass der Schuldner bei Bezahlung der Schulden ein freier Mann wurde, der mit einem Hasen verglichen wurde, der nicht mehr vom Hund gehetzt wurde. Trotz vielerlei Deutungsversuchen, gibt der Osterhase immer noch Rätsel in seiner Entstehung als Ostersymbol auf.

Das **Osterei** ist Symbol und Keimzelle des Lebens. In nahezu allen Kulturen steht es für Fruchtbarkeit und neues Leben, es verkörpert den Ursprung der Welt, der Götter und der Menschen. In der Vorzeit diente es auch als Opfergabe. Es vermittelte den Glauben an die Wiedergeburt. Bereits vor 5000 Jahren wurden in China zum Frühlingsbeginn Eier als Zeichen der Fruchtbarkeit verschenkt.

Im alten Ägypten wurden Eier als Zeichen des Lebens und der Fruchtbarkeit rot gefärbt. Im Judentum symbolisiert das Ei den zyklischen und fortlaufenden Charakter des Lebens. Im Christentum wird das geschlossene Ei mit der Grabkammer Christi verglichen. So wie das Küken das Ei sprengt, hat Christus die Grabkammern des Todes zerbrochen, um in ein neues Leben einzutreten.

Der österliche Eierbrauch hängt sicher mit dem Ende der Fastenzeit zusammen, in der früher der Genuss von Eiern untersagt war. Da die Hühner aber gerade im Frühjahr trotzdem eifrig ihre Eier legen, hatte man an Ostern einen regelrechten Eierüberschuss, der wieder bewältigt werden musste.

Es entspricht einem menschlichen Bedürfnis, wichtige Dinge schön zu gestalten, und so ist das verzierte Osterei seit dem 13. Jahrhundert bezeugt. Ursprünglich färbte man nur rot, dies als Farbsymbol für das Opferblut Christi, Auferstehung, Sonne, neues Leben und christliche Liebe.

Beim **„Eierpicken"** schlagen zwei Kinder die Spitze ihres Eies gegeneinander; wessen Ei heilgeblieben ist, der hat gewonnen.

Früher wurden im Frühjahr die Brunnen gereinigt, das Wasser soll an Ostern besondere Heilkräfte haben. Immer mehr verbreitet sich auch bei uns der fränkische Brauch der **Osterbrunnen.** Mit Buchsbaum, Fichtenzweigen, Palmkätzchen, Blumengirlanden und bunten Eiern werden als Dank für frisches und sauberes Trinkwasser Brunnen verziert. Zunehmend wird auch im Garten und im Haus ein **Osterstrauß** mit verschieden farbigen Eiern gestaltet, als Zeichen der aufblühenden Natur im Frühling und des neuen Lebens nach der winterlichen „Totenstarre". Es ist auch ein Symbol für die Auferstehung zu einem neuen Leben.

Gestaltungsmöglichkeiten

- Gemeinsames Oster-Frühstück mit den geweihten Speisen
  und Eiern und der Osterkerze in der Tischmitte
- Ostereier mit Eierfarben färben und verzieren: Bemalen, Lackie-
  ren, Abdecken, Aufbinden von Pflanzen mit Nylonstrumpf,
  Batiken, Marmorieren, Kratzen oder Gravieren mit scharfem
  Messer, Ätzen mit Salzsäure, Bekleben. In das Farbwasser einen
  Schuss Essig geben, damit die Farbe besser leuchtet; und nach
  dem Färben die Eier mit Speck oder Öl abreiben,
  damit sie schön glänzen.

  - Motive für das Verzieren von Ostereiern:
    Osterlamm, Kreuz- und Blumenformen,
    Zickzacklinien, Wellen, Bögen, Ähren, Wein-
    trauben, Herz, Anker, Blätterranken, Hahn,
    Henne, Hase, Sprüche
    - Ostereier natürlich färben: Gelb durch Kümmel
    und Safran, Rot durch Rote-Rüben-Saft oder
    Zwiebelschalen mit Essig, Blau mit Malvenblüten oder
  Blauholz, Grün mit Spinatsaft oder Brennesselblättern,
  Braun mit Kaffeesatz, Tee oder Zwiebelschalen.
  Die entsprechende Pflanze eine halbe Stunde in etwas Wasser
  kochen und dann durch ein Sieb filtern. Die gekochten oder
  ausgeblasenen Eier müssen zum Färben mit dem Pflanzensud ganz
  trocken sein. Butterfett nach dem Färben lässt die Farben leuchten.
  Naturfarben gibt es auch in Apotheken und Reformhäusern.
- Ostereier ausblasen und anmalen
- Kratzeier: Mit Wachsmalkreiden auf einem Ei verschiedene Farb-
  schichten übereinander malen, zuerst helle, dann dunklere Farben.
  Dann mit einem Schaber oder einer Nadel Muster auskratzen.
  Je tiefer man kratzt um so hellere Farben kommen heraus.

Gestaltungsmöglichkeiten

- Tunkeier: In einer flachen Wanne Tapetenkleister in Wasser lösen und Farben darauf tropfen. Bei festerem Kleber kann man mit dem Farbpinsel marmorähnliche Muster in den Kleister ziehen. Wenn man das Ei eintaucht, bleiben die Farben am Ei haften. Ein ausgeblasenes Ei kann man auch an einem Draht über die Farben rollen.
- Osterstrauß mit ausgeblasenen, bemalten Eiern gestalten
- Das Haus bzw. die Wohnung mit Frühlingsblumen schmücken
- Osterkerze mit Wachs-Symbolen gestalten, z. B. mit Kreuz, Alpha und Omega, Jahreszahl, Sonne der Auferstehung, Lamm mit Fahne, Fisch, die mit einem Messer aus farbigen Wachsplatten ausgeschnitten werden.

Osterkerzenverkauf

- Osterfähnchen basteln aus Bunt- oder Glanzpapier oder aus weißem oder roten Stoff mit dem JHS- oder PX-Symbol oder einem Kreuz.
- Ein weißes Leinendeckchen für den Oster-Weihekorb besticken oder bedrucken mit JHS-Monogramm (Jesus-Hominum-Salvator = Jesus ist Erlöser der Menschen) oder mit A O (Alpha und Omega) oder einem Lamm mit Fahne oder einem Fisch (Erkennungszeichen der ersten Christen)
- Osterzopf backen
- Eine Flasche für das Weihwasser selbst bemalen
- Eine Laterne basteln für das Heimbringen des Osterlichtes
- Osterlicht auf den Friedhof an das Familiengrab bringen

- Ostereier im Garten oder in der Wohnung verstecken und suchen lassen
- Eierlauf machen mit einem Ei auf einem Löffel, auch über und um Hindernisse herum. Als höheren Schwierigkeitsgrad den Löffel mit dem Ei in den Mund nehmen und laufen.
- Eierrollen bzw. -kugeln: Zwischen zwei schräg gestellten Besenstielen oder auf einem Brett Eier herunterrollen lassen. Wessen Ei am weitesten rollt oder wessen Ei unbeschadet geblieben ist, der hat gewonnen.

Rezept Osterlamm

Für 4 Osterlämmer, in gut schließenden Formen, da der Teig sehr flüssig ist. 250 g Puderzucker, 5 Eier, 2 Päckchen Vanillezucker, ¼ l Öl, ¼ l Eierlikör, 125 g Stärke, 125 g Mehl, 1 Päckchen Backpulver; 40 – 45 Minuten im Backrohr bei 180 Grad.
Dieses Rezept stammt von Pfarrer Elmar Gruber.

Rezept für Osterlamm aus Sandteig
Man schlägt eine sehr gute Schaummasse aus den 4 ganzen Eiern und 250 g Zucker, fügt einen Teil des 250 g gesiebten Mehles mit Stärkemehl und die 200 g zerlassene, abgekühlte Butter dazu, dann das restliche Mehl und Vanille oder Zitronenschale, 2 EL Rum oder Arrak und 1 Messerspitze Backpulver. Osterlammform buttern, zusammenfügen und mit dem Sandkuchenteig füllen. 1 Stunde backen bei 190 bis 200°C. Danach dick mit Puderzucker besieben und mit einer Fahne verzieren.

Am **Ostermontag** können wir, in Anlehnung an das Evangelium vom Gang der Apostel nach Emmaus, einen Spaziergang als Emmausgang zu einer Kapelle oder einem Wegkreuz machen, evtl. mit einer Kunstbetrachtung (Auferstehungsfigur, Fresken, o.ä.), einem Dankgebet und Singen des Kanons „Herr, bleibe bei uns" oder Frühlingslieder und anschließender Einkehr.

Weißer Sonntag

Der Weiße Sonntag ist am ersten Sonntag nach Ostern. Er ist benannt nach den weißen Gewändern der erwachsenen Oster-Täuflinge, die diese in der frühen Kirche am Oktavtag von Ostern ablegten, nachdem sie die weißen Taufkleider durch die ganze Osterwoche getragen hatten.

Früher war es überall der Tag der Erstkommunion mit Kirchenzug der Erstkommunikanten mit Pfarrer, Altardienst und Musik. Heute wird sie meist wegen der Kälte und der österlichen Reisewelle einige Wochen später gefeiert.

Seit jeher kamen die Mädchen in Weiß zur **Erstkommunion,** in Anlehnung an das weiße Taufkleid und den Symbolcharakter der weißen Farbe für die Reinheit und für die Nähe Gottes.

Am Montag nach dem Erstkommuniontag ist in vielen ländlichen Gemeinden in Schwaben traditionell ein gemeinsamer Ausflug der Kommunionkinder mit Pfarrer, Gemeindereferentin und Eltern zu einem Besinnungstag mit einem Gottesdienst, z. B. in einem Kloster.

Georgitag 23. April

Der hl. Georg war der Legende nach ein Prinz aus Kappadozien, der eine Königstochter vor einem Drachen rettete. Er wurde Offizier im römischen Heer, trat den Christenverfolgungen des römischen Kaisers Diokletian entgegen und wurde 303 als Märtyrer getötet. Er wird als ritterlicher Mann auf weißem Ross im Kampf mit dem Drachen dargestellt und ist als einer der 14 Nothelfer der Schutzpatron der Soldaten, Artisten, Pilger, Pferdebauern und der Pferde. Nach einer überlieferten Regel dürfen ab Georgi Wiesen und Saatfelder nicht mehr betreten werden.

Zu Ehren des hl. Georgs werden die **Georgiritte** veranstaltet. Am Georgitag oder dem nächstgelegenen Sonntag finden die Georgiritte statt, z. B. in Legau, Holzgünz und auf dem Auerberg. Unterhalb der Georgikirche auf dem Auerberg wird der Georgiritt seit 1925 veranstaltet. Dabei beteiligen sich zahlreiche Reiter, 2010 waren es 200, aus allen Orten rund um den Auerberg, begleitet von Musikkapellen und einer Gruppe in römischen Kostümen. Nach dem Umritt werden Ross und Reiter gesegnet.

In Erinnerung an Georg von Frundsberg wurden in Mindelheim am Vorabend von Georgi und Kirchweih im Oktober in der Burgkapelle nach der Vesper an die Knaben, die daran teilgenommen haben, der **Frundsbergwecken** verschenkt, später dann Geld. Mit der Inflation nach dem ersten Weltkrieg hat dieser uralte Brauch aufgehört. Wiederbelebt wurde er vom Fähnlein Frundsberg unter seinem Obristen Hans Weber: Alljährlich werden nach dem Besuch eines Gottesdienstes an die Buben und Mädchen der dritten Klassen der Grundschule Mindelheim Wecken verteilt.

Darstellung des hl. Georg (um 1400) in der Georgskirche auf dem Auerberg mit der befreiten Königstochter und dem getöteten Drachen

1. Mai

Schon in vorchristlicher Zeit wurde die Nacht auf den 1. Mai mit Feuern als Beginn der Sommerzeit und als endgültiges Ende des Winters gefeiert. Da in der **Walburgisnacht** die Hexen als Verkörperung des Bösen ihr Unwesen trieben und auf Besen zum Hexentanz auf den Bocksberg im Harz fliegen sollen, zündeten die Menschen früher zum Schutz vor Hexen und bösen Geistern Feuer an und läuteten die Kirchenglocken.

Ihren Namen bekam die Walburgisnacht vor mehr als 1000 Jahren durch die Heiligsprechung der englischen Nonne Walburga am 1. Mai durch die Kirche.

Heutzutage gibt es auch bei uns in einigen Gemeinden, z.B. in Jengen und Aitrang, in der Nacht zum oder am 1. Mai **Maifeuer.**

Als Echo auf die Walpurgisnacht und in Anlehnung an das einstige Hexentreiben stellt man in der so genannten **Freinacht** zum 1. Mai anderen Menschen Streiche und treibt mit ihnen Schabernack. Nach altem Volksglauben kann man die bösen Geister dadurch verwirren, indem die Gegenstände nicht mehr an ihrem gewohnten Platz stehen. Jugendliche entwenden Gegenstände und Gerätschaften, die nicht gesichert und nicht aufgeräumt sind, verstecken diese oder lagern diese in der Nachbarschaft oder unter dem Maibaum ab. Sie hängen Gartentüren aus und treiben allerlei Ulk und Unsinn. Man nennt dies „s'Zuig verziacha". Leider artet dieser Brauch in den letzten Jahren auch zu Sachbeschädigungen aus, z.B. wenn Kanaldeckel abgehoben, Klingelanlagen verschmiert und Blumenschalen zerstört werden.

Der 1. Mai ist seit 1889 in Erinnerung an die Arbeiterbewegung des 19. Jahrhunderts internationaler **Tag der Arbeit**, ein gesetzlicher Feiertag.

Maibaum

Der Maibaum soll als Vergrößerung der Lebensrute ein heidnisches Symbol der Fruchtbarkeit und des Segens sein und war meist den germanischen Gottheiten Freia und Wotan gewidmet.

Aufstellen des Maibaumes mit Schwalben

Der bayerische Brauch, den Maibaum am 1. Mai als Zeichen der Freiheit, als Symbol des Lebens (Kranz, frisches Grün) mit Wappen und Zeichen als Symbole der Gemeinschaft, des Zusammenhaltes und der Einigkeit aufzustellen, führt bis ins 16. Jh. zurück. Er soll auch auf die Liebe anspielen, so sollen die bunten Bänder das „Anbandeln" von Menschen symbolisieren. Der Gockel als Symboltier der Wachsamkeit, wie beim Wetterhahn und als keltisches Fruchtbarkeitssymbol krönt die Baumspitze.

Der bis zu 40 m (2010 in Lamerdingen 43,7 m) hohe Maibaum, zumeist eine Fichte, wird mit Bildern wichtiger Gebäude, Vereine und Handwerksberufe des Dorfes geschmückt. Früher stellte man den Maibaum mit langen Stangen, so genannten Schwalben auf, heute zumeist mit einem Auto-Kran. Am 1. Mai werden Tische und Bänke am Maibaum aufgestellt und die Blaskapelle spielt auf.

In Buchloe wird der Maibaum auf dem Rathausplatz alljährlich von dem Verein Maibaumfreunde „Gaisa-Stall" gestaltet und aufgestellt. Früher wurde der Maibaum in Kienbergers Stadel in einem Jugendtreff neben einem Geißen-Stall hergerichtet, heutzutage an einem geheimen Ort. Diesen konnte die Honsolgener Landjugend 2010 in Erfahrung bringen. Es ist eine alte Tradition, dass junge Männer versuchen, den Maibaum eines anderen Dorfes zu stehlen, bevor dieser aufgestellt wird. Um dies zu verhindern, wird er sorgfältig bewacht. Ein gestohlener Maibaum muss durch eine gespendete Brotzeit und ein Fass Bier ausgelöst werden. Dies wird dann gemeinsam vertilgt. 2010 rückten die Honsolgener nachts mit einem Traktor aus, krochen unter dem Tor in das Buchloer Eisstadion, legten die elektrische Alarmanlage lahm und fuhren mit dem Maibaum Richtung Honsolgen. Nach Verhandlungen konnten die Buchloer ihren Maibaum für 60 Liter Bier und ein Spanferkel auslösen.

Sollten die Verhandlungen zwischen den Maibaumbesitzern und den Dieben ausnahmsweise ergebnislos sein, wird der gestohlene Maibaum als Schandbaum mit einer entsprechenden Spruchtafel neben den eigenen gestellt.

Die Katholische Landjugend Honsolgen-Hausen, die alle zwei Jahre in Honsolgen den Maibaum neu aufstellt, ließ 2010 den Baum vor dem Aufstellen von Benefiziat Michael Zeitler segnen, wobei die anwesenden Besucher mitbeteten und kräftig mitsangen. Ein nachahmenswerter neuer Brauch! 2010 stellten in Frankenried bei Mauerstetten zum erstenmal nur Frauen per Hand in 1 ½ Stunden einen Maibaum auf.

Seit dem ausgehenden Mittelalter ist es auch Brauch, das junge Burschen kleine Maibäume oder **Maisträuße** vor das Haus ihrer Angebeteten setzen. Auch vor Gasthäusern, in denen Maitänze stattfinden, waren Maibäume aufgestellt.

Maibaum in Lindenberg

Gestaltungsmöglichkeiten

- Einen kleinen Maibaum gestalten und im Garten aufstellen
- Maienpfeifchen („Maiapfeifla") basteln:

Von einem ca. zwei bis drei Zentimeter starken Weiden- oder Eschenast ein ca. 20 cm langes astloses, geradlinig gewachsenes Zweigstück abschneiden.

3 bis 4 cm vom dickeren Ende her schneidet man die Rinde rundum durch und benützt dieses als Griff beim Abziehen der Rinde. Mit dem Messerheft klopft man vorsichtig den ganzen Zweig auf dem Oberschenkel liegend ab, bis sich die Rinde löst und sich drehen lässt. 1 cm vom Rand schneidet man vertikal einige Millimeter tief ein und macht dazu einen flachen Schnitt, um das halbkreisförmige Flötenfenster zu bekommen. Von dem entsprechenden Zweigende ohne Rinde schneidet man bis zum vertikalen Schnitt den Block ab und spaltet einen 1 bis 2 mm dicken Span ab, wodurch der Windkanal entsteht. Den Block nun einsetzen und am anderen Flötenende das restliche Kernholz ein Stück einschieben.

Rezept Maibowle

Für die Maibowle benötigt man eine Flasche Weißwein (oder Apfelsaft), eine Flasche Sekt (oder Mineralwasser) und ein Büschel Waldmeister.

Den 15 bis 30 cm hohen Waldmeister findet man in lichten Buchen- oder auch Fichtenwäldern. Man erkennt ihn an seinen aufrechten vierkantigen Stängeln, um die sich jeweils 6 - 8 gleich große Blätter wie ein Stern auf einer Ebene reihen. Zudem trägt er von Mai bis Juni kleine weiße Blüten. Um den Waldmeister nicht mit dem sehr ähnlichen Weißen Labkraut zu verwechseln, muss man die Blätter mit den Fingern zerreiben, dann riecht man den typischen süßen Waldmeistergeruch mit einer leichten Heunote. Vor der Blüte sollen die Blätter am aromatischsten sein, es kann aber auch blühender Waldmeister für die Maibowle verwendet werden.

Der Waldmeister sollte bereits am Vortag gepflückt werden, um ihn über Nacht, ansonsten einige Stunden, an einem gut gelüfteten Ort anwelken und -trocknen zu lassen. Erst beim Verwelken wird der Aromastoff Cumarin freigesetzt, der im Übermaß Kopfschmerzen, Übelkeit und Schwindel verursachen kann. Empfohlen werden deshalb nur drei bis fünf Stängel pro Liter Bowleflüssigkeit. Die welken Waldmeisterpflanzen werden zu einem Sträußchen gebunden und mit den Stielenden nach oben, kopfüber mindestens eine halbe Stunde, nach Belieben bis zu zwei Stunden in einen frischen leichten Weißwein gehängt, so dass die Stielenden nicht mit dem Wein in Berührung kommen, da er sonst bitter wird. Das Gefäß sollte dabei abgedeckt werden, damit das Aroma nicht entweicht. Ist das Waldmeisterbündel wieder entfernt, können der Trägerflüssigkeit je nach Geschmack und gewünschter Alkoholkonzentration eine weitere Flasche Weißwein und Zitronen- und Orangenscheiben hinzugefügt werden. Der Geschmack kann auch durch Zugabe von Lavendel, Estragon, Salbei oder Minze und durch Blätter und Blüten von Erd- und Johannisbeeren variiert werden. Erst unmittelbar vor dem Servieren wird der Bowle eine eisgekühlte Flasche Sekt dazugegeben.

Zu einer alkoholfreien **Kinder-Maibowle** kann man den Saft von zwei ausgepressten Zitronen mit 150 ml Waldmeister- oder Himbeersirup, mit 600 ml Apfelsaft und 400 ml Apfelsaft mischen und kühl servieren.

Marienmonat Mai

Der Mai als Monat des Wachsens, Blühens und Gedeihens gilt als Wonnemonat, abgeleitet von „Winnemonat" als Monat der blühenden Weiden oder als „Wunnimanot" als Monat, in dem man das Vieh wieder auf die Weide treiben konnte. Er hat seinen Namen von der römischen Erd- und Wachstumsgöttin Maia, deren Hochzeit mit dem Frühlingsgott die Erde von ihrer Winterstarre erlöst.

Ihr Erbe trat in christlicher Tradition Maria, die Mutter Jesu an, und so ist der Mai auch **Marienmonat** und Maria die „Maienkönigin", die Königin der wiedererwachenden Natur, der Schöpfung und des neuen Lebens. Das Konzil von Ephesus (431 n. Chr.) anerkennt Maria als Gottesgebärerin. Seitdem wird sie als Fürsprecherin bei Gott angerufen und als Mutter Gottes verehrt.

Unser bayerisches Land ist Maria als Patronin geweiht, der **„Patrona Bavariae"**. Bereits für das 5. Jahrhundert ist in Bayern eine starke Marienverehrung überliefert. Die älteste nachweisbare Marienkirche in Bayern stand im 8. Jahrhundert in Freising. Unter Kurfürst Maximilian I. wurde 1616 an der Westseite der Münchner Residenz die bronzene Marienstatue „Patrona Boiariae" errichtet mit der lateinischen

Patrona Bavariae auf der Mariensäule in München

Inschrift „Unter deinen Schutz fliehen wir, in dem wir froh und sicher leben". Unter der Statue brennt ein ewiges Licht. Zum Dank, dass München und Landshut im Dreißigjährigen Krieg verschont blieben, ließ Maximilian I. 1638 im Zentrum auf dem Rathausplatz der Landeshauptstadt München eine Mariensäule mit der vergoldeten „Patrona Bavariae" errichten. An der Mariensäule wird heute noch jeden Samstag der Rosenkranz gebetet. Auf Bitte des bayerischen Königs Ludwig III. ließ Papst Benedikt XV. 1916 ein bayerisches Marienfest zu, das am 14. Mai gefeiert wurde und 1970 auf den 1. Mai gelegt wurde.

Maialtar

Der Brauch der **Maiandachten** entwickelte sich im 18. Jahrhundert in Italien. Die erste auf deutschem Boden war 1841 in München. Verstärkt wurde die Marienverehrung durch die Verkündigung des Dogmas von der Unbefleckten Empfängnis Mariens, 1854 ausgesprochen durch Papst Pius IX.

In den Kirchen wird ein **Marienaltar** besonders liebevoll geschmückt, insbesondere mit Hortensien und Frühlingsblumen. Seit 1977 ist es in Buchloe Brauch, dass die Feuerwehr zusammen mit der Stadtkapelle eine Maiandacht gestaltet, früher im Park des St. Josefs-Krankenhauses, heute im Garten des Seniorenheimes.

Florianstag 4. Mai

Der hl. Florian wurde 304 n. Chr. als Märtyrer im österreichischen Cetium, dem heutigen St. Pölten, hingerichtet. Nach der Legende wurde er bei Lorch mit einem Mühlstein um den Hals in der Enns ertränkt. Er erschien nachts einer Christin und gebot ihr, seinen Leichnam der stromabwärts an das Ufer gespült wurde, zu begraben. Dort steht jetzt das Augustinerchorherren-Stift St. Florian bei Linz.

Der hl. Florian auf der Vereinsfahne der Freiwilligen Feuerwehr Buchloe

Der Legende nach soll Florian durch Beten ein Haus vor dem Niederbrennen bewahrt haben. Er wird als römischer Soldat dargestellt, der mit einem Wassergefäß Flammen löscht.

Der hl. Florian ist der Schutzheilige gegen Feuer- und Wassergefahr und der **Schutzpatron für die Feuerwehr** und für alle Menschen, die sich für andere einsetzen.

Nach dem Motto „Gott zur Ehr, dem Nächsten zur Wehr" feiern die bayerischen Feuerwehren um den 4. Mai einen Gottesdienst. Auch die Buchloer Feuerwehr gedenkt seit 1980 in einem Gottesdienst ihrer verstorbenen Kameraden und trifft sich anschließend zu einem Kameradschaftsabend.

Eisheilige

Am 12. Mai ist Namenstag von Pankratius, am 13. und 14. Mai dann Servatius und Bonifatius und am 15. Mai die „kalte" Sophie. Während der „Eisheiligen" sind oft noch Nachtfröste angesagt, deshalb ihr Name. „Pankraz, Servaz und Bonifaz, die machen erst dem Sommer Platz!"

Muttertag

Zum ersten Mal wurde der Muttertag 1908 in Philadelphia in Amerika auf Betreiben von Anne Jarvis gefeiert. Sie war Tochter eines Methodistenpredigers.

1914 beschloss der amerikanische Kongress als öffentlichen Dank gegenüber den Müttern am 2. Sonntag im Mai den Muttertag als Staatsfeiertag zu feiern. Ab 1922 verbreitete sich der Muttertag (durch den Verband Deutscher Blumengeschäftsinhaber!) auch in Deutschland und wurde immer mehr kommerzialisiert.

Bei uns wird dieser Tag in der Familie gefeiert. Die Kinder denken sich für ihre Mutter eine Aufmerksamkeit aus: Ein Gedicht, eine selbst gefertigte Grußkarte, eine Blume auf dem Frühstückstisch, eine Hilfe im Haushalt, die Bereitung der Mahlzeiten oder einen Gutschein für ein Essen oder eine Eintrittskarte für ein Konzert.

Gestaltungsmöglichkeiten

- Basteln und Gestalten einer Schmuckkarte, eines Bildes oder eines Geschenks für die Mutter
- Brief an die Mutter
- Gedicht auf eine Karte schön abschreiben, auswendig lernen und der Mutter vortragen oder vorlesen
- Einen einfachen Kuchen backen

Christi Himmelfahrt

An Christi Himmelfahrt, 40 Tage nach der Auferstehung, wird der auferstandene Jesus als der Kyrios, der Herr, der zum Vater heimkehrt, gefeiert. Den Himmel kann man als Symbol des Transzendenten, Erhabenen, Unendlichen sehen, als „bei Gott sein" verstehen.

Seit dem 4. Jahrhundert gab es den Brauch, wohl in Erinnerung an den Gang der elf Jünger zum Ölberg, drei Tage vor Christi Himmelfahrt Bittgänge bzw. Flurumgänge zu gestalten mit der Bitte um Schutz vor Unwetter und Missernten. Durch den Rückgang der Landwirtschaft wird dies nur noch in einigen ländlichen Gemeinden praktiziert. In Buchloe werden die traditionellen Bittgänge in Ortsnähe durchgeführt.

Vom Fest des hl. Markus am 25. April bis zum Fest Kreuzerhöhung am 14. September wird am Ende des Gottesdienstes im **Wettersegen** mit dem Kreuzpartikel für das Gedeihen der Feldfrüchte und für den Segen für unsere Arbeit gebetet:

> „Allmächtiger Gott, Schöpfer der Welt und Herr des Lebens! Alles steht in deiner Macht. Du bist unser Vater und weißt, was wir zum Leben brauchen. Gib den Früchten der Erde Wachstum und Gedeihen. Beschütze unsere Felder, unsere Gärten und Fluren, unsere Wälder und Weinberge vor Unwetter, Hagelschlag und Verwüstung, vor verderblichem Regen und schädlicher Dürre. Segne das Werk unserer Hände und unseres Geistes, unsere Arbeit auf Feld und Flur, in Familie und Beruf. Wir vertrauen auf deine Hilfe. Sei uns nahe und steh uns bei. Darum bitten wir durch Christus, unseren Herrn."

An Christi Himmelfahrt wird auch der **Vatertag** gefeiert, möglicherweise entstanden im 19. Jahrhundert aus so genannten Herrenpartien. Er wurde von einer Amerikanerin erfunden und wird seit 1924 in den USA begangen, um die Väter an ihre Pflichten zu erinnern und die Verbindung zwischen Vätern und Kindern zu festigen. Bei uns wird der Vatertag zumeist als männliches Treffen und Trinkgelage gefeiert.

Pfingsten

Um 130 n. Chr. wird Pfingsten als christliches Fest erstmals erwähnt und 425 ordnete Kaiser Theodosius die allgemeine Einführung des Pfingstfestes an.

50 Tage nach dem „Fest der ungesäuerten Brote" gab es bei den Israeliten das Wochenfest „Schawuot", ein Dankfest für die Weizenernte und zum Gedächtnis an den Bundesschluss am Sinai.

Das Christentum hat an dieser Tradition angeknüpft und feiert am 50. Tag nach Ostern das Pfingstfest, Abschluss des fünfzigtägigen österlichen Festkreises und Feier der Ausgießung des **Hl. Geistes** auf die Apostel in Jerusalem. Von der Zahl 50 - griechisch „pentecoste" - leitet sich der Namen für Pfingsten ab.

Das Pfingstereignis wird als Geburtstag, als Ursprung und als Gründungsfest der Kirche angesehen. Die Jünger Jesu gehen, erfüllt vom Heiligen Geist, an die Öffentlichkeit und sprechen mit „Be-geist-erung" von Jesus.

Symbole für den Geist Gottes sind Taube, Wind und Feuerflammen. Die Darstellung des Geistes in der **Taube** kommt offensichtlich aus der Schilderung der Taufe Jesu im Jordan, wo der Geist Gottes wie eine Taube auf ihn herab kam. Nach dem jüdischen Ritualgesetz ist die Taube ein reines Tier und durfte als einziger Vogel als Opfertier verwendet werden. Die Taube gilt auch als Symbol für den Neuanfang, so auch die Taube der Arche Noah. Sie symbolisiert auch den Geist des Friedens und der Versöhnung.

Die hl. Crescentia von Kaufbeuren sah in ihren Visionen den Geist Gottes in der Gestalt eines „strahlenden Jünglings". Diese Variante findet sich auch in Fresken in schwäbischen Kirchen in Herrgottsruh bei Friedberg, in Altdorf bei Marktoberdorf und in Schongau.

Als Symbol für den Heiligen Geist setzte sich die Taube durch. Papst Benedikt XIV. gestattete 1745 nur mehr diese Darstellung.

Der Heilige Geist ist der Geist Gottes: Der Geist der Liebe und des Friedens, dieser Geist weht, wo er will!

Im barocken Bayern ließ man früher einen lebenden Vogel durch das Kirchenschiff fliegen. Oder man seilte durch das so genannte Heiliggeistloch ein gemaltes oder geschnitztes Holzmodell einer Taube aus dem Kirchengewölbe ab.

Wer an Pfingsten als letzter in der Familie aufsteht, wird als „Pfingstochse" bezeichnet.

Am **Pfingstmontag** wallfahren die Buchloer Männer zu Maria in der Rindenkapelle nach Holzhausen. Diese Fußwallfahrt wurde begonnen von Männern, die aus dem 2. Weltkrieg wieder heil heimgekommen sind.

Männerwallfahrt von Buchloe nach Holzhausen

Fronleichnam

Fronleichnamsprozession

Dieser katholische Feiertag am 2. Donnerstag nach Pfingsten wurde 1264 von Papst Urban IV. eingeführt. Nach einer Vision der Nonne Juliana von Lüttich fehlte in der Kirche ein Fest zur besonderen Würdigung der **Eucharistie.**

Der Name „Fronleichnam" bedeutet von mittelhochdeutsch „vron" = göttlicher Herr, „lich" = Leib, „hama" = Hülle „Göttliche Hülle des Leibes" oder „Lebendiger Leib des Herrn". Im Mittelpunkt steht die eucharistische Brotgestalt als Leib des Herrn und als Zeichen der Gegenwart Gottes.

In heutigem christlichen Sinn sind wir bei der Fronleichnamsprozession als Christen in der Gemeinschaft der Gläubigen unterwegs mit Jesus, dem Brot des Lebens, in unserer Mitte. Wir tragen den Glauben „demonstrativ" auf die Straße hinaus, wir zeigen Flagge und weisen darauf hin, dass Christus Grund und Mitte unseres Glaubens ist.

In Bayern wurde das Fest erstmals 1273 in Benediktbeuern gefeiert und 1318 fand die erste Fronleichnamsprozession in München statt.

Der Leib des Herrn wird in der Monstranz (lateinisch „monstrare" = zeigen) unter einem Baldachin, dem so genannten Himmel, zu vier Altären entsprechend den 4 Evangelisten und den 4 Himmelsrichtungen (= die ganze Welt) im Ort getragen, begleitet von Vereinsfahnen, Musikkapelle, Bürgermeister, Gemeinderat und Erstkommunionkindern.

Als Schmuck werden junge Birken aufgestellt, die Häuser geschmückt und Tücher an Fenstersimse gehängt (heutzutage nur noch vereinzelt!) und vor den Altären Blumenteppiche gelegt.
Nach der Prozession brechen einige von den (Birken-)Bäumchen, die an den Altären aufgestellt sind, einen Zweig ab und nehmen mit ihm nach altem Volksglauben die Segenskraft Gottes mit nach Hause.

Am Fronleichnamsaltar

Antonius von Padua 13. Juni

Antonius wurde 1195 in Lissabon geboren und zog als Franziskanermönch und Bußprediger wundertätig durch Marokko, Oberitalien und Südfrankreich. In seinem Sterbeort Padua werden seine Reliquien aufbewahrt und von den Italienern besonders verehrt. Er hatte eine Erscheinung des Jesuskindes und wird deshalb mit dem Jesuskind auf dem Arm dargestellt.

Der heilige Antonius gilt bei uns als der **„Schlamperheilige"**. Da einmal ein junger Mann ein Buch des Antonius gestohlen hatte und es auf sein Gebet hin wieder zurückbrachte, soll man, wenn man etwas verloren hat, zum hl. Antonius beten und ihm einen angemessenen (!) Geldbetrag als Brot für die Armen opfern. Er ist auch Patron der Notleidenden, der Ehe, der Frauen und Bräute, der Bäcker und der Sozialarbeiter.

Hl. Antonius

Auch in der Buchloer Stadtpfarrkirche befindet sich beim Südeingang eine Antoniusfigur mit einem Opferkasten, der immer gut belegt ist; anscheinend sterben die Schlamper nicht aus.

Die Buchloer Antoniuskapelle (1746) in der Kapellenstraße wird von der benachbarten Familie Kögl vorbildlich gepflegt.

Am „Käppele", der Antoniuskapelle in Ummenhofen, das 1684/85 gebaut wurde, findet jährlich das traditionelle Antoniusfest mit Kirchzug und Festgottesdienst statt. Danach trifft man sich am Raiffeisenstadel zum Weißwurstfrühschoppen, Kaffee und Kuchen mit zünftiger Blasmusik.

Antoniuskapelle in Buchloe

Fußwallfahrt nach Andechs

1628 gelobte die Buchloer Pfarrgemeinde eine jährliche Wallfahrt nach Andechs „wegen allhier grassierender pestilenzischer leydiger Sucht". Bis ins 19. Jahrhundert gingen die Buchloer 20 Wegstunden nach Andechs und 20 Wegstunden zurück nach Buchloe, jeweils mit einer Übernachtung.

In den Achtziger-Jahren des 20. Jahrhunderts belebte Josef Dempf von Buchloe mit seiner Familie und einem Bekanntenkreis dieses Wallfahrtsgelöbnis wieder.

In den Neunziger-Jahren kam dann Pfarrer Seeberger mit der Pfarrei Jengen dazu. Jährlich pilgern wieder ca. 50 bis 100 Wallfahrer von den Pfarreiengemeinschaften Jengen, Buchloe und Umgebung im Juni/Juli zu Fuß nach Andechs. Abmarsch ist um 2.30 Uhr morgens mit Zwischenhalt in Landsberg und in Hofstetten, mit dem Schiff von Utting nach Herrsching und dann durch das Kiental zur Wallfahrtskirche nach Andechs, insgesamt 40 km in ca. 12 Stunden. Mit Glockengeläut und Weihwasser wird die Pilgergruppe auf dem Heiligen Berg in Andechs empfangen.

Nach einer Pilgermesse mit dem Segen der Dreihostienmonstranz und einer Einkehr im Bräustüberl erfolgt die Rückfahrt mit dem Bus. Übrigens steht in der Sammlung mannshoher Votivkerzen in Andechs auch eine aus Buchloe mit der Jahreszahl 1716.

Auf Fußwallfahrt nach Andechs

Johannisfeuer

Die Anfänge des Johannesfeuer sollen aus vorchristlicher Zeit sein. Kelten, Germanen und Slawen feierten am 21. Juni das Fest der Sommersonnenwende, den Mittsommertag. Man verabschiedete sich von der kürzesten Nacht und vom längsten Tag mit der größten Lichtfülle des Jahres. Die Germanen begingen in dieser Nacht den Tod des Sonnengottes Baldur und die aufgeschichteten Sonnwendfeuer wurden „Baldurs Scheiterhaufen" genannt. Mit dem Feuer wollte man die bösen Geister verjagen und die Luft reinigen.

Später wurde dieses heidnische Fest vom Christentum übernommen, so segneten im 15. Jahrhunderte als erste die Bischöfe von Würzburg das Feuer. Da der 21. Juni nahe am Namenstag des heiligen **Johannes am 24. Juni** liegt, entzündete man das „Johannisfeuer" auf Erhebungen und Bergen zur Verehrung des heiligen Johannes des Täufers. Man kann die Zuordnung des Johannes zur Sommersonnenwende auch mit der abnehmenden Sonne und mit der Perikope des Johannes-Evangeliums erklären: „Ich muss abnehmen, er (= Jesus) aber muss zunehmen" (Johannes 3, 30). Nur bei Jesus, bei Maria und bei Johannes feiern wir den Geburtstag, bei allen anderen Heiligen dagegen den Todestag. Dies weist auf die besondere Bedeutung des Johannes des Täufers hin: Er steht als Prophet zwischen dem Alten und Neuen Bund und bereitet die Menschen auf den Erlöser vor.

Johannes der Täufer von Jörg Lederer (um 1530) in Waal

Die Festlegung des Johannistages auf den 24. Juni, genau sechs Monate vor dem Geburtstag Jesu, geht auf das Lukas-Evangelium 1, 36 zurück: Als Maria die Geburt des Jesuskindes durch den Engel Gabriel verkündigt wurde, war ihre Base Elisabeth im sechsten Monat schwanger. Johannes der Täufer wird meist mit einem Lamm auf dem Arm dargestellt, da er bei der Taufe Jesu auf ihn als das Lamm Gottes hingewiesen hat. Da er den Lebenswandel des Herodes Antipas öffentlich kritisierte und dadurch Unruhen erregte, wurde er von diesem in den Kerker geworfen und auf Wunsch der Königstochter Salome enthauptet.

In den Tagen vor Johanni sammeln die Jugendlichen des Dorfes allerlei Brennbares und bauen dies um eine lange Stange herum, an der manchmal eine Strohpuppe (d´Hex) befestigt ist. Sie symbolisiert das Opfer an die Götter und Geister, um Hagel, Seuchen und Missernten abzuwenden. Da die Feuer die lebensspendende Kraft der Sonne deutlich machen, soll der Sprung über das Feuer Glück bringen und die Liebe junger Paare entfachen und erglühen lassen. Nach altem Volksglauben soll das Johannisfeuer besondere Segenskräfte haben, Lebenskraft spenden und Mensch und Tier vor Krankheiten schützen.

Das aufgebaute Feuerholz muss bewacht werden, damit die Buben der Nachbardörfer das Feuer nicht vorher anzünden.
Alljährlich gibt es z. B. in Waal und in Schwangau ein Johannisfeuer.

S´Sattehannesfuir in Pfronten: 2003 wurden im Raum Pfronten noch 13 Johannisfeuer angezündet. Einige Tage vor dem 24. Juni beginnen die Buben mit dem Sammeln des Feuerholzes, um ihre bis zu sechs Meter hohen Türme rechtzeitig für das große Feuer fertig gestellt zu haben. Ausgerüstet mit Motorsägen und Traktoren holen sie sich das von den zuständigen Ortsrechtlern zugewiesene Holz aus den Wäldern und fahren das zu diesem Zweck bereits gestapelte Abbruchholz an die jeweilige Feuerstelle. Die Aufgabe der ältesten Buben besteht darin, den Aufbau des Feuerturms so zu gestalten, dass der Haufen zum Anzünden leicht zugänglich und kaminartig konstruiert ist, damit die Luft zirkulieren kann und das Feuer gleichmäßig und so hoch wie möglich abbrennt.. So kann man vom einfachen wild übereinander geworfenen Holzhaufen bis zum fach- und zimmerergerecht aufgeschichteten Holzturm in Blockbauweise alles finden. Neben dem großen Johannisfeuer sieht man meist noch ein kleines Nebenfeuer vor, welches von einigen Leuten liebevoll Sankt Nebenfeuer genannt wird. Das Nebenfeuer hat drei Funktionen: Zum einen dient es als Grillfeuer der Geselligkeit wegen, zum anderen werden an diesem Feuer die Fackeln angezündet, um das Hauptfeuer an mehreren Stellen gleichzeitig entzünden zu können und nicht zuletzt dient es zur Täuschung der Buben an den Feuerstellen der anderen Ortsteile. Kein Ortsteil will der erste sein, der sein Feuer entzündet und so hat man schon immer versucht, die anderen Ortsteile mit dem kleinen Nebenfeuer an der Nase herum zu führen. Verspottet wird der Ortsteil, der sein Feuer bereits vor Einbruch der Dunkelheit angezündet hat. „Furchtscheißar" werden die Leute genannt und verlacht.

Noch schlimmer geht es zu, wenn versucht wird, den anderen Ortsteilen die Haufen schon vor dem 24. Juni anzuzünden. Wenn man seine Feuerstelle aus irgendeinem Grund nicht gut bewachen kann und der Feuerturm vor dem 24. Juni abbrennt, ist das ein großer Spaß für die einen und ein großes Ärgernis für die andern Buben. Am 24. Juni, bei einbrechender Dunkelheit, wird das Johannisfeuer endlich angezündet. Ziel ist es, das größte und das am längsten brennende Feuer von ganz Pfronten zu besitzen.

In den 50er und 60er Jahren war es deshalb gang und gäbe, Autoreifen und Altöl mit zu verbrennen. Heute verbietet das unser Umweltbewusstsein, zumal es gesetzlich verboten ist und das Feuer auch bei der Gemeinde angemeldet werden muss.
(Nach Pfrontner Liste - Claudia Stark, Philipp Hechenberger)

Gestaltungsmöglichkeiten

- Morgens einen Sonnenaufgang bzw. abends einen
  Sonnenuntergang beobachten
- Den Kanon lernen und singen „Vom Aufgang der Sonne
  bis zu ihrem Niedergang"
- Ein Bild mit einer Sonne von Vincent van Gogh betrachten,
  z. B. Der Sämann, Die Sonnenblumen
- Einen Sonntag bewusst als Sonnentag gestalten

Siebenschläfer 27. Juni

Der Siebenschläfertag gilt als wetterbestimmend. Wenn es am Siebenschläfertag regnet, soll es auch in den folgenden 7 Wochen regnen, so sagt eine alte Bauernregel.

Der Siebenschläfer-Tag hat nichts mit dem Tier Siebenschläfer zu tun. Der Legende nach wurden im Jahre 251 sieben fromme junge Männer, die sich in einer Höhle bei Ephesus vor den Christenverfolgungen verborgen hatten und dort einschliefen, versehentlich eingemauert. Als man am 27. Juni 446 die Höhle nach 195 Jahren zufällig fand und öffnete, wachten sie wieder auf, bezeugten ihren Glauben an die Auferstehung der Toten und starben wenig später nach Verkündigung des Wunders an den Bischof und den Kaiser mit einem Heiligenschein umgeben.

Tänzelfest in Kaufbeuren

In historisch detailgetreuen Gewändern spielen etwa 2000 Kinder in Kaufbeuren jedes Jahr Mitte Juli den Besuch Kaiser Maximilians I. aus dem Jahre 1497 nach. Damals ist der Kaiser nach Kaufbeuren gekommen, um den Schützenkönig des Adlerschießens zu ehren.

Das Tänzelfest ist das älteste Kinderfest in Bayern und geht auf den mittelalterlichen „Dinzltag bzw. Dänzeltag" zurück, ein Zunftfest, an dem die Lehrlinge und Handwerksgesellen im Juli einen arbeitsfreien Tag hatten; erste urkundliche Erwähnung 1557.

Die verschiedenen Kindergruppen spielen in historischer Kleidung und Ausstattung die Geschichte ihrer Stadt von der Karolinger- bis zur Biedermeierzeit mit über 30 Festwagen und über 150 Pferden an zwei Umzügen am Tänzelfestsonntag und -montag. Der Gewinner des Adlerschießens der Tänzelfestbuben bekommt von Kaiser Maximilian vor dem Rathaus eine Hose überreicht.

Am Kirchplatz findet ein mittelalterlicher Markt statt und am Freitag- und Samstagabend wird in der Altstadt ein Lagerleben veranstaltet. *(Weitere Informationen auf www.taenzelfest.de)*

Ruethenfest in Landsberg

Alle 4 Jahre Mitte Juli präsentieren über 1000 Landsberger Mädchen und Buben die geschichtlichen Stationen ihrer über 800-jährigen Stadt. Der Höhepunkt des zweiwöchigen Ruethenfestes ist der farbenprächtige historische Festzug am Samstag und am Sonntag durch die festlich geschmückte Altstadt.. Dazu kommen ein abendliches historisches Altstadttreiben, historische Tänze und musikalische Darbietungen.

Das Ruethenfest geht zurück auf einen alten Brauch, nach dem die Lehrer („Präzeptoren") im Mai mit ihren Kindern in die Lechauen zogen, um von Weidenbüschen und Haselnusssträuchern Ruten („Ruethen") zu schneiden. Mit den abgeschnittenen Gerten zogen die Kinder am Abend dann singend nach Hause. Dieser Brauch des Rutenholens ist durch ein Ratsprotokoll von 1751 nachweisbar.

(Weitere Informationen auf www.ruethenfest.de)

Kaiserfest in Füssen

Das Füssener Kaiserfest, das Ende Juli gefeiert wird, basiert historisch auf den nahezu 40 Besuchen von Kaiser Maximilian I. (1459 – 1519) in Füssen. In den Gassen, Straßen und Plätzen unter dem Hohen Schloss soll die Historie in historischen Schauspielen, Ritterturnieren, buntem Treiben von Gauklern, Musikanten und Akrobaten, einem mittelalterlichen Markt und einem Umzug wieder lebendig werden. *(Weitere Informationen auf www.kaiserfest.de)*

Frundsbergfest in Mindelheim

Alle 3 Jahre feiern die Mindelheimer das Andenken an das Rittergeschlecht Frundsberg, das aus Schwaz in Tirol kommend, 1467 Stadt und Herrschaft Mindelheim übernahm und mehr als hundert Jahre die Geschicke dieses Landstrichs im Herzen Schwabens bestimmte. Frundsbergfest - das bedeutet vor allem Erinnerung an den Vater der Landsknechte, den kaiserlichen Feldherrn Maximilians I. und Karls V., der hier 1473 auf der Mindelburg zur Welt kam und dort am 20. August 1528 verstarb: Georg von Frundsberg.

Georg von Frundsberg

Erstmals im Frühherbst 1853 feierten die Mindelheimer ein Frundsbergfest. Zunächst waren die Kinder und die Jugend mit dabei, sie sollten schon früh gleichsam im Spiel die Geschichte ihrer Heimat erfahren. Der Frundsberg Festring, der diese alte Tradition übernahm, formte ab 1973 mit seinen verschiedenen historischen Fähnlein und Gruppierungen und im Zusammenwirken mit allen daran interessierten Mindelheimer Vereinen das Frundsbergfest zu einem großen historischen Fest für Jung und Alt.

Im Herzen der Altstadt, zwischen den Toren und Türmen, im Mauerbering, spielt sich das Fest ab: Historische Festzüge mit über 2000 Mitwirkenden, die Parade der Landsknechte am Marktplatz, verschiedene Konzerte in der Jesuitenkirche, „Summerwunne" im FORUM, mittelalterliches Lagerleben, Armbrustschießen, Zunftstraße und Handwerkerhof, historischer Bauernmarkt und zeitgenössisches Theaterspiel in alten Hinterhöfen sind da geboten.

(Weitere Informationen auf www.frundsbergfest-mindelheim.de)

Kinderfest in Memmingen

Aus einem üblichen Schulausflug in der Pfingstzeit vor über 400 Jahren entwickelte sich das so genannte Königsfest, da die besseren Schüler zu Königen gekürt wurden, und später das Kinderfest. Es wird jetzt Ende Juli, zwei Tage vor dem Fischertag, gefeiert. Wochen vorher bereiten sich in den Schulklassen die Kinder vor mit Liedern, Reigen und Tänzen und mit dem Herrichten der Trachten und der „Stängele". Markenzeichen des Kinderfestes sind die bunten Kränze, meist aus Gartenblumen, auf den Köpfen der Mädchen. Vormittags ziehen die Kinder nach der Kirche auf den Marktplatz und zeigen dort dem Oberbürgermeister, dem Stadtrat und allen Besuchern ihre Lieder und Tänze. Nachmittags ziehen sie in einem phantasievollen Umzug vom Hallhof ins Stadion zu musischen und sportlichen Darbietungen und Verlosungen.

Fischertag in Memmingen

Im frühen Mittelalter wurden die Wasserläufe des südlich von Memmingen gelegenen Benninger Riedes zu einem Kanal zusammengefasst, um die um einen fränkischen Königshof entstandene Ansiedlung mit Wasser zu versorgen. Seit der Stadtgründung wurde der Bach alljährlich abgelassen und gereinigt. Zuvor durften die Handwerksgesellen, jedes Jahr von einer anderen Zunft, den Bach ausfischen. Daraus entwickelte sich der Fischertag, der höchste Memminger Feiertag. Nachweisbar findet man dies in der Chronik von Christoph Schorer aus dem Jahre 1572.

Nach dem Kinderfest zieht am Freitag der Büttel mit den Stadtgardisten durch die Straßen und verkündet den Ratsbeschluss, dass morgen der Stadtbach ausgefischt und anschließend abgelassen wird. Früh um sieben Uhr am Samstag sammeln sich die Bürger im Fischergewand und ziehen zum Schrannenplatz mit dem Oberfischer, dem vorjährigen Fischerkönig und den Stadtgardisten mit dem Spruch: „Schmotz, Schmotz, Dreck auf Dreck, Schellakönig, wüeschte Sau!". Nach dem Fischerspruch des Oberfischers verteilen sich die Fischer an den Bachufern und warten auf den Böllerschuss um acht Uhr. Dann erst dürfen sie in den Bach „jucken" und mit ihren Gabelnetzen, den „Bären", die Forellen fangen. Die Angehörigen warten am Bachrand mit dem wassergefüllten Eimer. Vor dem Rathaus werden die Fische gewogen. Danach trifft sich dann alles, frisch umgezogen, zum Krönungsfrühschoppen in der Stadionhalle. Der alte Fischerkönig wird abgesetzt mit einem Laib Brot, einer Wurst und einem Rettich. Der Fischer, der die schwerste Forelle gefangen hat, wird zum neuen Fischerkönig gekürt und gefeiert.
(Weitere Informationne auf www.fischertagsverein.de)

Wallensteinfest in Memmingen

Alle vier Jahre Ende Juli erinnert die alte Reichsstadt Memmingen an den Aufenthalt des Feldherrn Wallenstein im Sommer 1630 in den Mauern von Memmingen. Dabei wird die ganze Stadt zu einem Wallenstein-Lager mit 4500 Teilnehmern und 300 Pferden: farbenfroher, prächtiger Einzug von Wallenstein, Lagerspiele auf der Grimmelschanze, Reiterspiele im Reichshain, Tanz auf dem Kopfstein mit Fackelzug, historischem Theaterspiel und Handwerkertage alter Berufe.
(Weitere Informationen auf www.wallenstein-mm.de)

Hl. Christophorus 24. Juli

Der Legende nach soll Christophorus Menschen durch die Furt eines Flusses getragen haben, so auch einmal das Jesuskind; deshalb der Name Christophorus = „Christus-Träger". Anfangs hielt er das Kind für sehr leicht, aber mit jedem weiteren Schritt wurde es schwerer und schwerer, so dass er selbst untergetaucht (getauft) wurde. Er ist auch einer der 14 Nothelfer. Im Volksglauben starb der, der an diesem Tag auf ein Christophorus-Bild blickte, keinen plötzlichen unvorbereiteten Tod. Heutzutage haben viele Verkehrsteilnehmer am Fahrzeug oder am Armaturenbrett eine Christophorus-Plakette und erbitten sich damit göttlichen Schutz im Straßenverkehr.

Jakobstag 25. Juli

Der 25. Juli ist seit dem 8. Jahrhundert nachweisbar der Festtag für den Apostel Jakobus den Älteren, den älteren Bruder des Apostels und Evangelisten Johannes.

Früher war der Jakobitag ein wichtiger Wetterlostag für die bäuerliche Wettervorhersage, ein Zahl- und Zinstag und oft auch Markttag. Daher der Name „Billiger Jakob", der auf dem Jakobimarkt seine Waren günstig verkaufte.

In den Achtziger- und Neunziger-Jahren wurde das Pilgern zur Grabstätte des Hl. Jakobus in Santiago in Spanien wieder neu belebt. Einer der ersten Jakobspilger aus unserer Gegend war Gerhard Löschinger, der 1994 von April bis Juli 88 Tage zu Fuß von Buchloe nach Santiago de Compostela in Nordspanien unterwegs war. Im April 2007 machte sich auch Helmut Wirth von Jengen auf einen vierwöchigen, 800 Kilometer langen Fußmarsch von St. Jean Pied de Port in den französischen Pyrenäen nach Santiago de Compostela und Finisterre. Als Erinnerung und als Dank errichtete er vor seinem Haus ein Jakobsmarterl, das am 25. Juli 2010 eingeweiht und gesegnet wurde.

Jakobsmarterl von Jakobspilger Helmut Wirth in Jengen

Mariä Himmelfahrt 15. August

Bereits nach dem Glauben der frühen Kirche wurde Maria mit Leib und Seele in den Himmel aufgenommen. Seit dem Ende des 4. Jahrhunderts wurde diese Glaubensaussage in Syrien mit einem eigenen Fest gewürdigt und später mit einer Kräuterweihe verbunden. So hat das Konzil von Ephesus im Jahre 431 Maria zur Gottesgebärerin erklärt und erstmals dieses Fest eingeführt. 1950 fasste Papst Pius XII diese alte Glaubensüberzeugung, dass die selige Jungfrau mit Leib und Seele in den Himmel aufgenommen sei, in einem Dogma zusammen, das unter Theologen nicht unumstritten ist.

Kräuterboschen zur Kräuterweihe an Mariä Himmelfahrt

Die Legende erzählt, dass die Apostel, als sie das Grab Mariens noch einmal öffneten, weil der Apostel Thomas wieder einmal zu spät gekommen war, statt des Leichnams wohlriechende Kräuter und Blumen vorfanden.

Im gesamten süddeutschen Raum von Baden bis nach Südtirol hat sich die **Kräuterweihe** an Mariä Himmelfahrt, dem so genannten Frauentag, als einer der ältesten Bräuche erhalten. Eine Synode im achten Jahrhundert wollte die Kräuterweihe unter Androhung hoher Strafen verbieten, doch konnte sich dieses Verbot nicht durchsetzen.

Nach christlichem Verständnis soll die Weihe verdeutlichen, dass Gott uns die Heilkräfte der Natur geschenkt hat und so werden in der Kirche die **Kräuterboschen** geweiht.

Der Kräuterbüschel oder Weihbuschel wurde früher auch „KräuterSange", „Weihsang" genannt, - von „sängeln" = sammeln oder von „versengen" = anbrennen, da die geweihten Kräuter in einer Pfanne verbrannt wurden und die Räume eingeräuchert wurden. Er wurde im Stall oder im Haus, früher im Herrgottswinkel aufgehängt als Schutz gegen Blitzschlag und Hagel, Krankheiten, böse Geister und Gefahren und für eine gute Ernte und für Eheglück.

Früher gehörten bis zu 77 verschiedene Pflanzen zum vollständigen Kräuterboschen, u. a. Johanniskraut, Thymian, Kamille, Pfefferminze, Schafgarbe, Salbei, Tausendgüldenkraut, Holunder, Wermut, Baldrian, Rainfarn, Ringelblume, Beifuß, Frauenmantel, Dill, Pimpernelle. Thronende Mitte des Kräuterboschens ist eine Königskerze, auch Wetterkerze genannt, oder ein Rohrkolben oder auch eine Maisblüte, darum herumgebunden alle Getreidearten und die Heilkräuter, obenauf eine Rose zu Ehren von Maria. Es sollten mindestens 7 Heilkräuter sein, nach der magischen Zahl 7, die sich aus den 4 Himmelsrichtungen und dem dreieinigen Gott zusammensetzt.

Auch in heutiger Zeit kann der Kräuterboschen Ausdruck des Respekts vor dem Schöpfer und seiner Schöpfung und vor der Heilkraft der Natur sein. Kräuter und Blumen aus der „Apotheke Gottes" sind irdische Zeichen des Heil-Werdens.

Gebet zur Kräutersegnung

„Herr, unser Gott, du hast Maria über alle Geschöpfe erhoben und sie in den Himmel aufgenommen. An ihrem Fest danken wir dir für alle Wunder deiner Schöpfung. Durch die Heilkräuter und Blumen schenkst du uns Gesundheit und Freude. Segne diese Kräuter und Blumen. Sie erinnern uns an deine Herrlichkeit und an den Reichtum deines Lebens. Schenke uns auf die Fürsprache Mariens dein Heil. Lass uns zur ewigen Gemeinschaft mit dir gelangen und dereinst einstimmen in das Lob der ganzen Schöpfung, die dich preist durch deinen Sohn Jesus Christus in alle Ewigkeit. Amen

Viele Kirchen in unserer Region feiern am 15. August ihr Patrozinium, darunter auch Landsberg und Buchloe.
In Buchloe und in Markt Rettenbach binden am Vortag von Mariä Himmelfahrt Frauen des Katholischen Frauenbundes bzw. des Frauenkreises Kräuterboschen und geben diese am Festtag in der Kirche gegen eine Spende für einen guten Zweck ab. 2003 wurden in Markt Rettenbach 170 Sträuße gebunden, in Buchloe 2010 150 Sträuße!
In Buchloe ist am 15. August das Patrozinium (=Namensfest) der Stadtpfarrkirche Mariä Himmelfahrt, das in einem Festgottesdienst und einer abendlichen Lichterprozession zum Marienbrunnen gefeiert wird.

Lichterprozession zum Marienbrunnen in Buchloe

Dr Frobetag in Pfronten: Seit alters her werden am Frauentag, „Frobetag", selbstgebundene Kräuterboschen kunstvoll aus Gartengemüse, Heilkräutern, Ähren und Blumen zusammengesteckt und vor den Altar gelegt, um sie weihen zu lassen. Zu Hause wird das Gartengemüse herausgetrennt, um damit die „geweihte Suppe" zu kochen, die der ganzen Familie Gesundheit bescheren soll. Den übrigen Kräuterboschen hängt man entweder in den Eingangsbereich, um ungebetenen Gästen den Eintritt zu verwehren, auf den Dachboden, um das Haus vor Unwetter und Blitzschlag zu schützen oder aber man steckt ihn in den Herrgottswinkel, um der ganzen Familie schutz- und heilbringende Kräfte zukommen zu lassen. Ersetzt wird der Kräuterboschen erst von seinem Nachfolger im darauffolgenden Jahr, wobei der alte Boschen verbrannt wird, niemals jedoch weggeworfen werden darf, denn „ebb's g'weichts wirft ba it furt!"

Lange nicht so alt ist der Brauch, eine große Kräuterkerze in einem festlichen Einzug der Frauen in die Kirche zu tragen. Der ausschlaggebende Impuls dazu kam von den bereits verstorbenen Apothekereheleuten Annemarie und Adolf Schröppel und dem kräuterkundigen Pius Lotter, der inzwischen auch verstorben ist. 1988 wurde diese Idee zum ersten Mal in die Tat umgesetzt.
Seither tragen Pfrontner Frauen jedes Jahr am 15. August festlich gekleidet in ihrem Pfrontner Festtagshäs eine außerordentlich hohe (bis zu 5 m) Kräuterkerze bis vor den Altar zu Ehren von Maria. Das in tagelanger mühevoller Arbeit geschaffene Kunstwerk bleibt nach der Weihe 4 Wochen in der Kirche aufgestellt zum Dank für die Wunder der Natur. *(Nach: Pfrontner Liste - Claudia Stark, Philipp Hechenberger)*

Die Zeit zwischen dem Fest Maria Himmelfahrt und Maria Namen am 12. September war früher der sog. **„Frauendreißiger"**. In dieser Zeit sollen die Heilkräuter dreifach wirksam sein und die in dieser Zeit gelegten Hühnereier sind durch ihre harte Schale besonders lange haltbar („Frauendreißiger-Eier"); sie wurden früher bevorratet und in Wasserglas eingelegt.

Gestaltungsmöglichkeiten

- Kräuterboschen binden, evtl. in Gemeinschaft mit anderen
- Auf einem Spaziergang Kräuter bestimmen (Bestimmungsbuch) und evtl. in einem Korb sammeln und dann trocknen
- Kräutertee kochen und trinken

Aufbau des Kräuterboschen

Mittelpunkt (1)
- Königskerze und /oder
  Stockrose (1) (Malve, Bauernrose)
- Maisblüte (2)
Früher: Rohrkolben,
aber heute geschützt!
Um diese werden die nächsten
Kräuter mit Bast oder Schnur
fortlaufend gebunden.

Haselnusszweig
als Symbol der Fruchtbarkeit
(Wünschelrute aus Haselnuss!)

Garten-
und Wiesenblumen (3)
- Rose als Symbol für Maria - Nelken
- Dahlien, Phlox, Margeriten, u.a.
Nicht zu viele Blumen, denn es soll kein
Blumenstrauß sein!

Getreidearten (4)
- Weizen - Gerste - Hafer - Roggen - Dinkel, u.a.
Jeweils ein kleines Büschel!

Heilkräuter (5)
- Johanniskraut - Schafgarbe - Ringelblume
- Pfefferminze - Baldrian, Kamille, Wermut,
Salbei, Tausendgüldenkraut, Goldrute,
Spitzwegerich, Holunder, Arnika, u. a.

Küchen- und Gartenkräuter (6)
- Salbei - Petersilie - Borretsch - Estragon - Thymian

Gartenfrüchte (7)
- Zwiebel - Knoblauch - Gelbe Rübe - Rote Rübe
- Rettich - Kohlrabi - Weißkraut - Blaukraut

Von den Gartenfrüchten werden Blätter oder
Blüten eingebunden. Es können aber auch
Früchte, wie Radieschen und Gelbe Rübe
verwendet werden, die dann unten am Boschen
herausstehen.
Die Krautblätter werden zum sauberen Einbinden
der Stängel des Boschens verwendet. Darüber wird
noch ein Bast oder ein farbiges Band verschnürt. (8)

„Stumme Prozession"

Alljährlich am Sonntag nach Mariä Himmelfahrt findet in Vilgertshofen bei Landsberg die Stumme Prozession über das Leiden und Sterben Jesu Christi statt. Nach dem Gottesdienst in der barocken Wallfahrtskirche bewegt sich ein schweigender Zug von etwa 150 Mitwirkenden durch Straßen und Fluren in Vilgertshofen. Voraus gehen die Kinder mit den Leidenswerkzeugen, gefolgt von bekannten biblischen Personen, wie z.B. Esther und Judith, Jakob und Josef, Moses und König David, mit Muttergottesstatuen und Fahnen, mit Blaskapelle und Kirchenchor. Mittelpunkt ist die Kreuzigungsgruppe mit Jesus und Folterknechten, mit Pilatus, Herodes und Hohenpriestern, mit Maria und Johannes. Am Schluss Ministranten und der Geistliche mit dem Allerheiligsten unter dem Traghimmel und die Mitglieder der Bruderschaft, die 1708 diese Stumme Prozession aus einer feierlichen Flurprozession begründet haben. Anschließend findet für die weltlichen Freuden ein Jahrmarkt und ein Wirtschaftsbetrieb statt.

Reiterspiele in Nesselwang

Viele Pferde und Kutschen gibt es zu sehen bei den Reiterspielen in Nesselwang Ende August, beim Festzug ab 10 Uhr, bei der Pferdesegnung währen der Feldmesse an der Reithalle des Reitervereins und nachmittags bei Sport und Spiel auf dem Gelände des Allgäuer Reiterhofes.

Mittelalterlicher Markt in Pfronten

Am letzten Sonntag im August findet in Pfronten-Dorf auf der Dorfer Viehweide am Fuße des Kienberges ein mittelalterlicher Jahrmarkt statt. In authentisch historisch gekleideten Gruppen bieten die Veranstalter Unterhaltung und Verpflegung an. Es gibt mittelalterliche Musik, Zauberer, Märchenerzähler, Gaukler, Seiltanz, Ritter, mittelalterliche Kinderspiele, Reiten und Essen wie zu früheren Zeiten.

Tag der Heimat

Der Tag der Heimat am ersten Sonntag im September ist in der Bundesrepublik Deutschland ein Gedenktag der ca. 12 Millionen Heimatvertriebenen des 2. Weltkrieges. Er geht zurück auf die Kundgebung vor dem Schloss in Stuttgart am 6. August 1950, bei der die Charta der deutschen Heimatvertriebenen verkündet wurde. Darin verzichten diese auf Rache und Vergeltung und sprechen sich für ein geeintes, versöhntes Europa aus.

In Buchloe findet die Gedenkfeier zum Tag der Heimat an der Gedenkstätte für die verstorbenen Heimatvertriebenen statt. Unter der Federführung der Sudetendeutschen Landsmannschaft werden nach offiziellen Reden Kränze niedergelegt. Buchloe nahm z. B. nach dem 2. Weltkrieg ca. 1800 Heimatvertriebene auf, die Einwohnerzahl stieg von 1939 mit 2832 Einwohner auf 5224 im Jahre 1950.

Bergmesse

Zum Lobe Gottes und als Dank für seine Schöpfung werden insbesondere im Monat September Bergmessen gehalten. Traditionsgemäß gestaltet die Kolpingfamilie von Buchloe alljährlich Mitte September eine Bergmesse.

Bergmesse an der Buchloer Hütte am Bolsterlanger Horn

Schnitthahnenrennen

Seit über 50 Jahren wird Ende September in Ittelsburg vom örtlichen Sportverein das Schnitthahnenrennen auf einer Wiese ausgetragen. Junggesellen müssen dabei sportliche Aufgaben lösen, der Sieger bekommt einen Pokal und ein Busserl von zwei Kranzmädchen.

Kranzrind von der Viehscheid in Pfronten
Bild: Tourismus Pfronten E.Reiter

Viehscheid

Nach dem Alpsommer ziehen im September die Hirten mit dem ihnen anvertrauten Jungvieh bei lautem Klang der großen Viehscheidschellen und der Kuhschellen von der Alpe ins Tal.

Ist der Sommer auf der Alpe ohne Unfall verlaufen, trägt das vorderste Rind der Herde, das so genannte „Kranzrind", einen prachtvollen Kranz aus Latschenzweigen, Wacholder, Silberdisteln, Vogelbeeren, Enzian und manchmal auch Edelweiß.

Traditionell wird der Kranz um einen Spiegel obenauf mit einem Kreuz geflochten bzw. gesteckt. Der Spiegel soll böse Blicke und Verhexungen abwenden und die bunten Kräuter und Flitter Hexen und böse Geister abwehren.

Viehscheid in Pfronten

Auf dem Scheidplatz angekommen, werden die Tiere durch die Hirten aus der Herde ausgeschieden und dem jeweiligen Besitzer übergeben. Daher rührt der Name Viehscheid.

Die Nesselwanger halten es bei ihrem Viehscheid noch mit der Tradition und scheiden ihr Vieh mit Hilfe einer Scheidluke. Nach dieser schweißtreibenden Arbeit setzen sich Hirten, Bauern und Helfer im Festzelt bei Blasmusik auf eine Maß Bier zum fröhlichen Viehscheidfest zusammen.

In vielen Allgäuer Orten werden an einem Festabend die besten Hirten mit großen Kuhschellen ausgezeichnet. Die „Allgäuer Zeitung" und der Engelbräu von Rettenberg veranstalten jedes Jahr eine Allgäuer Kranzrind-Prämierung. 2010 kamen dabei von 110 Kranzrindern 12 in die Vorauswahl. Aus diesen wählten 1520 Zeitungsleser die drei schönsten aus.

Erntedank

Erntedankaltar

Den Brauch, höheren Mächten für die Ernte zu danken, gibt es seit Menschengedenken. Erntedankfeste waren Teil des Jahresablaufes bei den Griechen mit der Göttin Demeter, bei den Römern mit der Feldgöttin Ceres, bei den Germanen mit dem Gott Wotan und bei den Juden mit dem Laubhüttenfest. Nach Beendigung der Erntearbeit dankte man Gott bzw. den Göttern für ihre Güte und für die Ernte des Jahres. Schon im 3. Jahrhundert wurde von den Christen das Erntedankfest gefeiert. Einheitlich haben es die deutschen Bischöfe 1972 auf den 1. Sonntag im Oktober festgelegt.

Erntedank ist auch heute noch Zeichen des Dankes an den Schöpfer für die Gaben und Früchte der Natur und der menschlichen Arbeit, auch wenn heute alle Früchte der Welt das ganze Jahr über erhältlich sind. Der Erntedanktag soll uns bewusst machen, dass der Mensch die

Schöpfung letztlich nicht in der Hand hat und dass unser tägliches Brot, die Früchte der Erde und der menschlichen Arbeit, unser Arbeitsplatz, unsere Gesundheit, das Leben und der Frieden keine Selbstverständlichkeiten sind. Zunehmend fließt in das Erntedankfest auch die Sorge um den Erhalt der Schöpfung, die weltweite Gerechtigkeit und Solidarität und die Fürsorge für Mensch, Tier und Natur ein.

Darauf weisen in der Kirche ein **Erntedankaltar** mit Früchten des Gartens und der Felder, Ähren, Blumen und einer **Erntekrone** aus Ähren als Symbol der Krone der Schöpfung oder einem Erntekranz hin. Vielerorts wird aus verschiedenfarbigen Samen und Körnern ein **Ernteteppich** gestaltet, in den letzten Jahren auch in Waalhaupten und in Buchloe.

Die **Minibrote-Aktion** des Landvolks soll ärmeren Ländern zugute kommen und unsere Solidarität und Verbundenheit zeigen mit den Menschen, die hungern müssen. Es ist immer noch die Hälfte der Weltbevölkerung!

Erntekrone und Körnerteppich

Gestaltungsmöglichkeiten

- Einen Danke-Baum mit vielen Danke-Blättern für wichtige und selbstverständliche Sachen und Situationen in unserem Leben gestalten
- Um das tägliche Brot als Gottesgabe zu verdeutlichen, kann man - wie früher üblich - vor dem Anschneiden mit dem Messer drei Kreuzzeichen auf die Unterseite des Laibes machen
- Wohnung mit Früchten herbstlich dekorieren
- Eine kleine Erntekrone aus Ähren als Tischschmuck gestalten
- Aus Kastanien mit Zahnstochern, Streichhölzern und Bindfaden Tiere und Figuren basteln
- Nach Land-Art mit Früchten und Naturmaterialien ein Mandala legen

Rosenkranzfest

Im meditativen Rosenkranzgebet wird in Verbundenheit mit Maria an einzelne Stationen des Lebens Jesu Christi erinnert.

Als Erinnerung an den Sieg der christlichen Allianz durch die Macht des Rosenkranzgebetes über die Türken in der Seeschlacht bei Lepanto am 7. Oktober 1571 wird am 7. Oktober das Rosenkranzfest gefeiert. Papst Leo XIII. hat 1883 für den Monat Oktober das tägliche Rosenkranzgebet vorgeschrieben, so wurde der Oktober zum **Rosenkranzmonat.**

In Buchloe wird das **Rosenkranzfest** am zweiten Sonntag im Oktober gefeiert. Schon vor 1584, als die Pfarrkirche in Buchloe abbrannte, gab es eine **Rosenkranzbruderschaft,** die bis heute besteht.

Diese errichtete 1730 auch den Altar der Rosenkranzbruderschaft im südlichen Seitenschiff der Stadtpfarrkirche. Das vom Staat ausgeliehene Altarbild des Augsburger Stadtmalers Matthias Kager zeigt, wie Maria dem hl. Dominikus den Rosenkranz übergibt. Und im Bildhintergrund ist die Seeschlacht von Lepanto als Landschlacht dargestellt, 1626 gemalt.

Rosenkranzaltar:
Maria überreicht Dominikus den Rosenkranz.

Colomansritt in Schwangau

An jedem 2. Oktobersonntag findet traditionell seit dem 16. Jahrhundert in Schwangau der Colomansritt statt. Vom Rathaus aus führt der Reiterzug mit über 200 prächtig geschmückten Pferden, von Trachtenträgern geritten, angeführt von der heimischen Musikkapelle zur Kirche St. Coloman. Nach dem Festgottesdienst ist mit der Colomansreliquie Pferdesegnung und ein dreimaliger Umritt um die St. Coloman-Kirche. Danach geht der Zug wieder ins Dorf zurück.

Coloman soll ein irischer Königssohn gewesen sein, der im Jahre 1012 eine Pilgerreise ins Hl. Land unternahm und dabei durch unsere Gegend kam. Am alten Brunnen bei St. Coloman soll er gerastet haben. In Stockerau bei Wien geriet er in einen Hinterhalt, wurde als Spion verdächtigt und an einem Holunderbaum erhängt. Da an seinem Grab viele Wunder geschahen, wurde er am 13. Oktober 1014 nach Kloster Melk überführt.

Mitte des 14. Jahrhunderts entstand am Platz der Colomanskirche ein Pestfriedhof und bald eine Colomanskapelle, die zur Wallfahrtskirche wurde. Auf Grund der vielen Wallfahrer wurde von 1673 – 1678 nach Plänen des Wessobrunner Baumeisters und Stukkateurs Johann Schmuzer die Colomanskirche gebaut. 1720 schenkte der Abt des Klosters Melk der Colomanskirche eine originale Reliquie des hl. Coloman.

Wendelinsritt in Germaringen

Am 20. Oktober ist der Wendelinstag. Der heilige Wendelin ist Patron der Bauern und Hirten, er ist Ross- und Viehheiliger. Im alamannisch-fränkischen Raum hat er die Bedeutung des altbayerischen St. Leonhard. Alle zwei Jahre findet gegen Ende Oktober der Wendelinsritt in Germaringen statt.

Kirchweih

Am Kirchweihfest begeht die katholische Kirche den Jahrestag ihrer Weihe durch den Bischof. Früher zelebrierte jede Pfarrkirche den Tag ihrer Weihe selbst als örtlichen Festtag. Auf Grund einer Verordnung von 1866 wurde dann in Bayern der dritte Sonntag im Oktober als Kirchweih festgelegt.

Am Kirchturm wird am Samstag um zwei Uhr mit dem Glockenläuten die rote Fahne mit dem weißen Kreuz, der **„Zachäus",** aufgehängt. Benannt nach dem Evangelium des Kirchweihtages von jenem biblischen Zöllner namens Zachäus, der auf einen Baum stieg, um Jesus besser zu sehen und ihn dann in sein Haus einlud. Die Kirchweihfahne war nach dem bayerischen Landrecht von 1553 der Aufruf zum Landfrieden; solange sie wehte, durfte keine Fehde ausgetragen werden.

Die Kirchweihfahne, genannt Zachäus

Kirchweih war früher das Hauptfest der Landbevölkerung, geprägt von deftigem Essen und Trinken und dem Kirchweihtanz. Es wurde den Erntehelfern gedankt, die bei der langen, harten Erntezeit mitgeholfen hatten. Es gab viel Gebratenes und Geräuchertes, Birnbrot, Datschi, Schmalzgebäck und Weißbrot. Für Dienstboten und Mägde galten gelockerte Sitten und das Feiern stand im Vordergrund.

Gestaltungsmöglichkeiten

- Schwäbisches **Kirchweihlied** lernen, z.B. „Wenn d` Kiarweih kommt"
- **Kirchturmbesteigung** in Begleitung des Mesners
- Kirchweihfahne malen

- Aus trockenem Kartoffelkraut und dürren Ästen ein **Kartoffel-feuer** entfachen. Kartoffel mit der Schale, evtl. in Alufolie einge-wickelt, in der Glut etwa 30 Minuten garen lassen. Mit

einem Stock herausangeln, die schwarze Schale aufbre-chen und die dampfende Kartoffel essen oder die Alu-Kartoffel quer durch-schneiden und mit einem Teelöffel aus der Schale essen. Bei Kleinkindern Kartoffeln leicht vorkochen.

Kartoffelfeuer, mit Holz statt Kartoffelkraut

- Rezept für **Kirchweihgans:** Siehe Martinsgans bei Martinstag 11. November
- **Drachen** basteln und steigen lassen
- Mit verschiedenen herbstlichen Blättern Tiere oder Figuren oder Gesichter gestalten und auf ein Blatt kleben
- **Futterhäuschen** für die Winterfütterung der Vögel bauen
- **Rübengeister:** Eine Rübe aushöhlen, Augen, Nase und Mund hineinschneiden, mit einem Teelicht beleuchtet abends auf die Fensterbank oder vor die Haustüre stellen
- **Kürbislaterne** basteln: Oben am Kürbis einen Deckel glatt oder gezackt abschneiden und mit einem Esslöffel den Kürbisinhalt ausschaben. Nase, Augen und Mund mit Filzstift zuerst aufmalen, dann mit einem Messer ausschneiden. Ein Teelicht oder eine Kerze, evtl. in einem Marmeladenglas, hineinstellen, anzünden und abends an die Fensterbank oder vor die Haustüre stellen. Das Gleiche kann man mit einer Futter- oder Zuckerrübe machen.

Reformationstag 31. Oktober

Die evangelisch-lutherischen Christen erinnern sich an diesem Tag daran, dass Martin Luther am 31. Oktober 1517 seine Thesen zur Erneuerung der Kirche an die Türe der Wittenberger Schlosskirche angeschlagen hat. Dies war der erste Schritt zur Reformation.

Halloween

Wirtschaft, Kommerz, Werbung und Medien haben in den letzten Jahren in unserer „Event- und Spass-Gesellschaft" einen neuheidnischen Brauch aus Amerika eingeführt: Halloween, - eine Mischung von Fasching und Sylvester, Klamauk und Masken-Party-Gag, Gruselkabinett und Walburgisnacht. Angeblich soll ein erster Impuls dazu von amerikanischen Besatzungssoldaten ausgegangen sein, die in den 70er Jahren in Deutschland zu ihrem amerikanischen Halloween-Fest einluden.

Häuser und Gärten werden mit ausgehöhlten, beleuchteten Kürbissen geschmückt, in die Gesichter geschnitzt sind. Dies war Ende Oktober früher auch bei uns üblich, oft auch mit Rüben.

In Wirtschaften werden heutzutage Halloween-Partys angeboten mit Hexen- und Gespenster-Verkleidungen und Geister- und Vampir-Dekorationen.

Der Name „Halloween" leitet sich von einem schnell gesprochenen „All Hallows´ Evening" (= **Allerheiligen-Abend**) ab und bezeichnet den Abend des 31. Oktobers vor Allerheiligen. Im Keltischen endete das Jahr am 31. Oktober; an diesem Tag wurde zum Sommerende Samhain, das Fest der Toten, gefeiert, eine Mischung von Silvester und Erntedank. Nach dem Glauben der Kelten öffnen sich in der Neujahrsnacht zum 1. November die Tore zwischen den Welten der Lebenden und der Toten. Die Götter kamen zu den Menschen und spielten ihnen Streiche und die Verstorbenen durften sich in dieser Nacht im Reich der Lebenden umsehen und in die Körper der Lebenden schlüpfen.

Zum Schutz vor der Geisterwelt verkleideten sich die Menschen in gruselige Gewänder, stellten besänftigende Gaben vor die Tür und ausgehöhlte, mit Kerzen beleuchtete Rüben. Die Kelten wurden in unserer Gegend von den Römern verdrängt und siedelten vor allem in Gallien, England und Irland. Auf Grund einer großen Arbeitslosigkeit im 19. Jahrhundert wanderten viele Iren nach Amerika aus und brachten diesen Brauch nach Amerika. Dort wurden statt der Rüben **Kürbisse** verwendet.

In Amerika gehen gruselig verkleidete Gestalten von Haus zu Haus, um Süßigkeiten einzutreiben mit dem Spruch **„Trick or Treat"**, d. h. „Gib mir Süßes, sonst gibt's Saures!".

Papst Gregor IV. ordnete 837 an, die Bräuche der Heiden nicht abzuschaffen, sondern zu christianisieren. Das keltische Totenfest am 31. Oktober mit seinen vorchristlichen Brauchelementen ist so am Vorabend zum Auftakt zu Allerheiligen und Allerseelen geworden.

Einige Brauchtumsforscher nennen die propagierten keltischen Wurzeln von Halloween einen „völligen Quatsch der Kuriositäten-Literatur" (nach Helge Gerndt). Ein keltischer Todesfürst Samhain sei nicht belegbar, ebenso wenig ein druidischer Glaube, dass Tote sich Körper von Lebenden suchen. Analog der Saturnalien vor dem römischen Neujahr (gelockerte Moral, keine Standesunterschiede, ungezügelte Freiheit u.ä.) haben sich in Halloween ausgelassene Brauchelemente in Irland und Amerika erhalten.

Kritisiert wird allgemein, dass Halloween eine oberflächliche Spaßkultur fördere, eine sinnlose Geschäftemacherei sei und einen Rückfall in einen angstmachenden Geisterglauben bewirke, der nicht die geringste Ehrerbietung gegenüber unseren Toten zeige.

Vigilfeier

Um gegenüber der Furcht vor Dämonen, Horrorgestalten und Totengeistern ein positives Zeichen für die christliche Botschaft vom Leben auch nach dem Tode zu setzen, wird in Buchloe am Vorabend zum Allerheiligenfest seit einigen Jahren auf Initiative von Stadtpfarrer Reinhold Lappat eine Vigilfeier gestaltet.

Vigilfeier auf dem Friedhof in Buchloe

Diese Lichtfeier kann uns bewusst machen, dass wir Tod und Trauer und unsere dunklen Seiten aus unserem Leben nicht verdrängen dürfen, sondern im christlichen Glauben verarbeiten sollen. In zwei Stationen in der Stadtpfarrkirche mit der Osterkerze und einem Lichtritus auf dem Friedhof wird die Erinnerung an unsere Toten wachgehalten und das christliche Ziel unseres Lebens verdeutlicht, nämlich die Hoffnung und die Freude, dass Christus das Licht der Welt ist und dass am Ende Gott auf uns wartet und uns heimführt zu all denen, die uns schon vorausgegangen sind.

Der Ursprung der Vigil, aus dem Lateinischen „vigilare" = wachen, liegt im Stundengebet der Mönche. Ein Teil wurde in der Nacht bzw. in den frühen Morgenstunden gewacht und gebetet, entsprechend der Weisung Christi: „Wachet und betet!". In der Tradition der Kirche wurde die Vigil auch als Nachtwache vor großen Festen begangen; so wird z. B. die Osternacht als die „Mutter" aller Vigilien bezeichnet. Früher gab es auch noch die Vigil als Totenwache und Totenfeier in der Nacht vor der Beerdigung oder als Totenamt am Abend vor dem Jahrtag des Todes. So soll diese Vigilfeier ein Zeichen setzen gegen das Vergessen, dass unser Leben am Ende ein gutes Ziel hat in der neuen Welt Gottes.

Allerheiligen / Allerseelen

Gräberbesuch am Allerheiligennachmittag

Jährliche Gedenktage für alle Heiligen und Verstorbenen finden sich ab dem 4. Jahrhundert in der österlichen Zeit in der Verbindung mit der Auferstehung und des für die Toten wieder geöffneten Himmels und des Gedächtnisses der geläuterten und noch nicht geläuterten Verstorbenen.

Im 8./9. Jahrhundert, als diese österliche Verbindung verblasste, wurde in Irland das **Allerheiligenfest** auf dem Hintergrund des dortigen Jahresanfanges, des Winterbeginnes und der sterbenden Natur am 1. November gefeiert. Papst Gregor IV. legte im Jahre 835 das Fest zur Verehrung aller Heiligen für die gesamte Westkirche auf den 1. November. Durch die irisch-schottischen Missionare gelangte das Fest Allerheiligen im 9. Jahrhundert zu uns.

An Allerheiligen feiern wir die Heiligen, die ihre Vollendung in Gott gefunden haben und für die im Laufe des Kirchenjahres kein Festtag vorgesehen ist. Sie sind unsere Fürbitter bei Gott und treten für uns, die Heiligen im Wartestand, bei Gottes Barmherzigkeit ein. Heilig meint hier nicht die Eigenschaft besonderer religiöser Leistungsfähigkeit und außerordentlicher Lebensführung, sondern heilig ist die Kirche, heilig sind alle Getauften, weil sie durch Taufe und Firmung aus der Gabe des göttlichen Heiles leben können.

Allerseelen ist der Tag des Gedenkens der Lebenden an die, die tot sind und die uns vorausgegangen sind. In Solidarität und Liebe sind wir durch die Erinnerung und durch das Gebet mit unseren Verstorbenen verbunden, in der sicheren Hoffnung, dass Gott es mit ihnen gut meint und er sie vollenden und heimholen wird.

Als Gedenktag für alle Verstorbenen wurde Allerseelen 998 durch den Abt Odilo von Cluny eingeführt und 1915 durch Papst Benedikt XV. auf die ganze Kirche ausgedehnt. Das im Spätmittelalter entstandene Bild vom Fegefeuer als Reinigungsort für sündige Seelen hat zu einer besonderen Sorge der Katholiken um das Heil der Verstorbenen durch Gebet und bezahlte Messen geführt. Dagegen stellt das 2. Vatikanische Konzil den Glauben an die Auferstehung, an die verzeihende Liebe Gottes und die heilsame Verbindung der Lebenden mit den Toten in den Vordergrund. Allerseelen ist deshalb wie Allerheiligen das Fest der ganzen Kirche, der Gemeinschaft der Lebenden und der Toten, die auf dem Weg zur endgültigen Vollendung sind.

In den letzten Jahrzehnten wurden das Totengedenken und der Grabbesuch auf den Nachmittag von Allerheiligen vorverlegt, da Allerseelen Arbeitstag und kein Feiertag ist.

Auf dem Friedhof, dem „Gottsacker", werden in einer Prozession der Ministranten die Gräber vom Priester gesegnet. In Buchloe intoniert die Stadtkapelle dazu getragene Weisen. Man besucht das besonders schön mit Gestecken und „ewigem Licht" geschmückte Grab der Eltern und der Angehörigen. Die brennenden roten Grablichter, die als Zeichen des Erinnerns, des Andenkens und des Dankes an die Verstorbenen angezündet werden, sind Symbol der Hoffnung auf das ewige Lebenslicht. Nach altem Volksglauben sollen am Allerseelentag die Seelen der Verstorbenen, die „Armen Seelen", körperlich dorthin kommen, wo sie gewohnt haben. Deshalb stellte man für sie „Seelenbrote" auf, auch „Seelenzöpfe" genannt. Da nach alter Vorstellung die Seele ihren Sitz in den Haaren hat, wählte man die Zopfform. Auch in anderen früheren Kulturen gab es diese Speisenopfer für die Toten, die Totenopfer oder Totenmahle. Unter christlichem Einfluss wurden daraus Gaben für die Armen und der Paten an die Patenkinder. Noch bis vor einige Jahrzehnte bekamen die Kinder auf dem Land von ihrem Taufpaten diese **Seelenzöpfe,** -brezen oder –wecken. Sie bedankten sich dafür mit einem „Vergelt's Gott für die armen Seelen!". Nach Volksglauben meinte man, mit jedem Brötchen, das man esse, erlöse man eine arme Seele.

Gestaltungsmöglichkeiten

- Das Familiengrab säubern und schmücken
- Gang zum Friedhof: Grabsteine und Grabinschriften vergleichen; der Friedhof als Platz der Erinnerung und des Zwiegespräches zwischen Lebenden und Toten
- Anhand von Fotos von verstorbenen Familienmitgliedern erzählen, einen Familienstammbaum malen
- Seelenzöpfe aus Hefeteig backen
- Ein Gedicht oder ein Lied über Tod und Sterben in der Natur, wie z.B. „Wir sind nur Gast auf Erden" (Gotteslob Nr. 656)
- Eine Nacht- und Nebelwanderung mit Fackeln oder Taschenlampen machen und sich danach mit Tee oder Punsch aufwärmen
- Über das Sterben, den Tod und die Vorstellungen nach dem Tode reden
- Sich bewusst machen, dass wir nur eine kleine Spanne Zeit auf dieser Erde leben und das tägliche Leben ein Geschenk ist. Niemand kennt sein Zeit-Guthaben.

Hubertus 3. November

Der Hubertustag ist der Ehrentag der Jäger und der Beginn der Treibjagden. Zum Patron der Jäger wurde der hl. Hubertus durch ein Ereignis, das die Legende überliefert: Als Hubertus einmal sogar an einem Feiertag auf die Jagd ging, erschien ihm ein weißer Hirsch mit einem goldenen glänzenden Kreuz mitten im Geweih; dies brachte Hubertus zur Umkehr.

In Hubertusmessen mit Jagdhornbläsern wird heutzutage des hl. Hubert gedacht.

Leonhardiritt

Leonhard war ein fränkischer Adeliger, der im 6. Jahrhundert als Einsiedler und Abt eines Klosters in Noblac bei Limoges lebte. Der Legende nach vollbrachte er Wunder zur Rettung von Gefangenen, bei der Heilung von Geisteskranken und bei Viehseuchen. Deshalb ist der hl. Leonhard als einer der 14 Nothelfer der Schutzpatron der Gefangenen, der Kranken, der Pferde und der landwirtschaftlichen Tiere. Sein Gedenktag ist am 6. November. Er wird meist als Abt mit einer Kette in der Hand dargestellt.

Der Leonhardiritt wird eher im oberbaycrischen Raum gepflegt. Bei uns gibt es ihn in Kirchheim, Kronburg-Illerbeuren, Erkheim und in Apfeltrach bei Mindelheim.

St. Martin 11. November

In frühchristlicher Zeit begann nach dem 11. November die stille Vorbereitungszeit für das Weihnachtsfest, ohne fröhliche Feste, ohne üppiges Essen und auch ohne Rechtsgeschäfte. „Martini steht genau so am „Kopf" der alten Weihnachtsfastenzeit wie die Fastnacht am „Kopf" der Osterfastenzeit" (nach Dietz-Rüdiger Moser).

So war Martini früher ein wichtiger Zins- und Pachtabgabetermin („Martini ist ein harter Mann für den, der nicht bezahlen kann."), ein beliebter Hochzeitstag, ein Markttag und Bauernfeiertag mit Dienstbotenwechsel und ein Herbstfest, bei dem auch Gänse verzehrt wurden.

Im Vordergrund des Martintages steht heute der heilige Martin als Vorbild christlicher Nächstenliebe und Menschlichkeit, und als Symbolfigur des Teilens mit anderen.

Sankt Martin, der spätere Bischof von Tours in Frankreich, wurde um 316 in Sabaria in Pannonien, dem heutigen Ungarn als Sohn eines römischen Offiziers geboren. Er wurde mit 15 Jahren zum Militärdienst in der römischen Reiterei eingezogen. Als Offizier kam er nach Gallien in die Stadt Amiens. Während der Zeit als Soldat trug er sich stets mit dem Gedanken, Christ zu werden. Damals ereignete sich auch jene Szene, die ihn bis heute berühmt gemacht hat: Auf dem Heimweg sah Martin am Stadttor Amiens einen frierenden Bettler, der ihn um eine milde Gabe bat. Martin hatte Mitleid. Er zog das Schwert und teilte seinen Mantel in der Mitte. Die eine Hälfte gab er dem Armen, mit der anderen hüllte er sich selbst ein. In der Nacht - so erzählt sein Biograph Sulpicius Severus - erschien ihm Christus im Traum, der die verschenkte Hälfte des Mantels um seine Schultern gelegt hatte und sagte: „Martinus, mit dem Mantel hast du nicht nur den Bettler, sondern auch mich bekleidet." Nach seinem Militärdienst trat er in einen Mönchsorden ein, wurde Einsiedler und gründete 361 das erste Mönchskloster des Abendlandes. Martin wurde 371 Bischof von Tours, starb am 8. November 397 und wurde am 11. November beerdigt. Sein Grab in der Kathedrale in Tours im heutigen Frankreich wurde zum fränkischen Nationalheiligtum. In vielen Orten der Umgebung weist das Kirchenpatrozinium des hl. Martin auf fränkische Besiedlung und Christianisierung hin, z. B. in Jengen, Linden, Rieden, Schlingen, Ettringen, Tussenhausen, Lamerdingen, Kaufbeuren, Marktoberdorf.

St. Martin ist der Schutzpatron der Soldaten, Reiter, Tuchmacher, Hirten und Bettler und auch der Abstinenzler, da er vom Wein des Kaisers nur nippte.

Ein Volksbrauch, der jedes Jahr am Martinstag auflebt, ist der Martinsritt, bzw. der **Martinsumzug.** Er hat sich erst nach dem 2. Weltkrieg, vor allem durch heimatvertriebene Schlesier bei uns eingebürgert. Er wird bei uns besonders von den Kindergärten und Grundschulen gepflegt. Der Grundgedanke dabei ist das Teilen mit anderen.

Beim Martinsumzug spielt ein Kind hoch zu Ross den hl. Martin und teilt seinen Mantel für den Bettler.

Kinder treffen sich mit ihren Laternen und ziehen singend durch die Straßen. Voran reitet St. Martin mit römischem Helm und Mantelumhang hoch zu Ross, dahinter gehen die Kinder mit ihren Laternen und singen Martinslieder oder das Laternenlied „Ich geh mit meiner Laterne". Vor der Kirche oder dem Kindergarten wird die Begegnung mit dem Bettler nachgespielt. Am Ende bekommen immer zwei Kinder zusammen eine Martinsbrezel, anderenorts auch ein **Martinsgänsle,** die sie miteinander teilen. So bekommt jedes eine Hälfte.

In Engetried wird der traditionelle Martinsumzug als Laternenumzug der Kinder vom Kindergarten zur Kirche gestaltet, musikalisch umrahmt von den Jungmusikanten. In der Kirche findet mit dem Pfarrer die Martinsfeier statt. Die Kinder spielen und musizieren zur

Geschichte „Die Laterne Lumina" zum Thema „Geteiltes Licht". Im Gespräch mit den Kindern verdeutlicht der Herr Pfarrer, dass Teilen nicht bedeutet, weniger zu haben; vielmehr steht im Vordergrund, jemand anderem durch Teilen helfen zu können und glücklich zu machen. Abgerundet wird das Fest mit dem Verkauf von Glühwein, Punsch und selbstgebackenen Martinsgänsen.

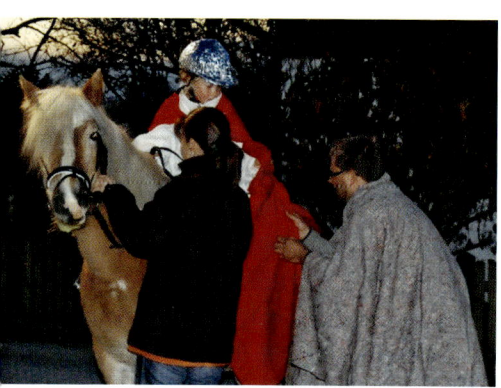

St. Martins-Umzug an der Grundschule Kettershausen: Der Elternbeirat organisiert den Martinsumzug: Es gilt Begleiter für den Zug zu finden, die Rede vorzubereiten, Einladungen zu verschicken, ein Plakat zu entwerfen, das Essen zu kalkulieren und zu organisieren. Beim Verköstigen und Aufräumen arbeiten Mütter, Väter und Schüler hilfsbereit zusammen.

Das traditionelle Festessen um den 11. November ist die **Martinsgans.** Dies geht zurück auf die Legende, dass sich Martin bei den Gänsen versteckte, um nicht zum Bischof gewählt zu werden. Durch ihr Geschnattere verieten die Gänse aber den hl. Martin und so wurde er gefunden und 371 n. Chr. zum Bischof von Tours in Frankreich ernannt.

In Wirklichkeit soll die Gans mit dem Ende des bäuerlichen Jahres zusammenhängen, als früher an Martini die Pacht entrichtet wurde und dabei auch fette Gänse abgeliefert werden mussten. Es wurde geschlachtet und der Martinsschmaus gehalten und die Lohnknechte wurden entlassen und die Hütebuben bezahlt. Die Gans war die Zinsgabe an den Grundherrn.

Der Sinn der **Martinslaternen** erschließt sich aus Lesungs- und Messtexten des Martinstages: Die Gläubigen sollen das Licht des Glaubens unter die Völker tragen und mit solchem Licht sich zu Gott bekennen und ihm Dank und Lob aussprechen.

Der Martinstag war früher seit dem Mittelalter der letzte Tag vor der vierzigtägigen Adventszeit und vor der stillen Zeit vor Weihnachten, an dem ausgelassen gefeiert werden konnte. Deswegen und auch, weil die Zahl Elf als „Narrenzahl" die Zehnerzahl der Gebote überschreitet, wählten die Karnevals- und Faschingsgesellschaften den 11.11. um 11 Uhr 11 für die erste Sitzung des Elferrates in der Faschingssaison.

Gestaltungsmöglichkeiten

- Martinslaterne basteln
- Leuchtballon: Einen großen Luftballon aufblasen und verschließen, Seidenpapier in handtellergroße Fetzen reißen und mit Tapetenkleister Schicht für Schicht auf den Ballon kleben. Vor einer neuen Schicht immer antrocknen lassen. Nach 5 – 6 Schichten ganz trocknen lassen, den Luftballon aufschneiden und herausziehen und den Rand mit einem Klebestreifen festigen und einen Bügel mit einer elektrischen Beleuchtung befestigen. Oder man klebt ein Brettchen auf den Boden mit einem Kerzenhalter. Am Boden ein Luftloch machen.
- Laterne mit Herbstblättern: Der Umfang und die Höhe einer großen Saftflasche bestimmen die Länge und Breite zweier rechteckigen Klebefolien. Die erste Klebefolie wird nach Abziehen der Schutzfolie mit Stecknadeln auf eine Unterlage geheftet und auf der Klebeseite mit Herbstblättern belegt, die angedrückt werden. Die zweite abgezogene Klebefolie wird mit der Klebeseite auf die Blätter und die erste Klebefolie gelegt. Beide Folien werden gut zusammengedrückt, um die Flasche gelegt und an den Enden zusammengeklebt.
- Mit einer Laterne an einem Martinsumzug teilnehmen
- Martinsspiel einüben und vorspielen
- Martinslied singen: „Ich geh mit meiner Laterne", „St.Martin"

Rezept Martinsgans

Zutaten: Eine junge Gans, 1 Zwiebel, Pfeffer, Salz,
Beifuss, etwas Mehl, 1-2 Essl. saure Sahne,
Füllung: 4 große säuerliche Äpfel, 50 g Korinthen, 50 g gehackte
Mandeln, 1 Essl. Zucker

Zubereitung: Die ausgenommene, gewaschene und abgetrocknete Gans
von innen und außen gut mit Pfeffer, Salz und Beifuss einreiben. Äpfel
schälen und vierteln, mit den Korinthen, Mandeln und Zucker vermen-
gen und die Gans damit füllen. Zunähen, Flügel und Keulen mit Zwirn-
faden festbinden. Die Gans mit der Brust nach unten in den Bräter legen,
eine gute Tasse Wasser und die halbierte Zwicbcl dazugeben, und in den
Backofen schieben. Die Gans etwa 40 bis 50 Minuten braten, das Ge-
flügel drehen, nach Bedarf 1 bis 2 Tassen heißes Wasser dazu geben und
weitere 1 bis 2 Stunden (je nach Größe) braten bei ca. 200° C, insgesamt
ca. 3 bis 4 Stunden. Während der Bratzeit die Gans wiederholt mit dem
Bratenfond begießen. In der letzten ½ Stunde den Deckel vom Bräter
abnehmen, damit die Gans knusprig wird. Die fertige Gans tranchieren
und warm stellen. Die Füllung wird als Beilage gereicht. Zur Soße den
Bratenfond, wenn nötig entfetten, mit knapp ¼ l Wasser ablöschen,
aufkochen, mit Mehl binden. Mit Salz, Pfeffer und Beifuss nachwürzen
und zum Schluss 1 bis 2 Esslöffel saure Sahne darunter ziehen.

Rezept Martinsgänsle

Zutaten: 200 g Quark, 100 g Zucker, 8 Esslöffel Öl, 6 Esslöffel
Milch, 1 Ei, 1 Päckchen Vanillezucker, 1 Prise Salz, 400 g Mehl,
1 Päckchen und 2 gestrichene Teelöffel Backpulver (für ca.15 Stück)

Quark nach und nach mit Milch, Öl, Ei, Zucker und Salz gut verrühren. Das Mehl dazu geben und Teig rasch durchkneten und auswallen/
ausrollen; Gänschen nach Schablone oder mit einer Form ausschneiden und auf ein eingefettetes Blech legen. Ca. 20 Minuten bei 200 Grad
backen. Mit Glasur bestreichen. Fürs Auge eine Rosine eindrücken.

Buß- und Bettag

Gemeinsame Bußzeiten gab es schon in der Antike. Die Römer hofften dadurch die Götter freundlich zu stimmen und Not und Kriegsgefahr abzuwenden. Die christlichen Kirchen übernahmen diesen Brauch. Der Buß- und Bettag ist in Deutschland ein Feiertag der evangelischen Kirche. Er soll den Christen zu einer Haltungsänderung und zu einer Umkehr zu Gott hin bewegen. Gefeiert wird er seit 1893 am Mittwoch vor dem letzten Sonntag, dem Ewigkeits- oder Totensonntag des evangelischen Kirchenjahres, also am Mittwoch vor dem 23. November. Nach dem 2. Weltkrieg war der Buß- und Bettag gesetzlicher Gedenk- und Feiertag in allen westdeutschen Bundesländern, in Bayern nur in Regionen mit überwiegend evangelischer Bevölkerung. Ab 1995 wurde dieser Feiertag gestrichen (Ausnahme Freistaat Sachsen), um die Mehrbelastung der Arbeitgeber durch die Pflegeversicherung auszugleichen. In Bayern ist der Buß- und Bettag nach wie vor unterrichtsfrei und die meisten Kindergärten sind geschlossen.

Volkstrauertag

Zwei Sonntage vor dem 1. Advent ist seit 1952 der Volkstrauertag, ein staatlicher **Gedenktag für die gefallenen deutschen Soldaten** der beiden Weltkriege und für die Opfer der Verfolgung, der Gewaltherrschaft und des Widerstandes.

In der Regel gestaltet der Veteranenverein diesen Gedenktag. Nach dem gemeinsamen Gottesdienst ziehen in Buchloe die Veteranenvereinsmitglieder, die Feiwillige Feuerwehr

Volkstrauertag am Kriegerdenkmal

und der Stadtrat mit Stadtkapelle und Fahnenabordnungen der Vereine zum Kriegerdenkmal. Dort hält der Bürgermeister eine Ansprache, in der Regel mit Mahnungen zur Versöhnung, zur Verständigung und zum Frieden. Anschließend werden am Kriegerdenkmal Kränze niedergelegt und unter drei Böllerschüssen das Lied vom guten Kameraden, die Nationalhymne und die Bayernhymne gespielt.

Cäcilientag 22. November

Cäcilia lcbtc im 3. Jahrhundert als vornehme Christin und sollte mit dem Heiden Valerian vermählt werden. Der Legende nach hat sie diesen zur Achtung ihres Keuschheitsgelübdes bewogen und ihn zum Christentum bekehrt. Bei ihrer Hochzeit soll sie Loblieder gesungen haben, deshalb wird sie meist mit einer kleinen Orgel oder einem Instrument dargestellt. Die hl. Cäcilia ist die Patronin der Musik, der Musiker und der Kirchenchöre.

An der Volksschule Markt Rettenbach treffen sich am Cäcilientag alle Grundschulklassen zu einem musikalischen Liederkranz. Jede Klasse trägt ein im Unterricht erarbeitetes Lied den anderen Klassen vor, eine Flötengruppe spielt Instrumentalstücke.

St. Katharina 25. November

Die hl. Katharina zählt zu den 14 Nothelfern. Ab dem Katharinentag begann früher in katholischen Gegenden die ruhige Zeit vor Weihnachten. „Kathrein stellt den Tanz ein."

Advent

Mit dem ersten Sonntag im Advent, dem vierten Sonntag vor dem 25. Dezember, beginnt das neue Kirchenjahr.

Seit dem 5. Jahrhundert feiern Christen den Advent und denken dabei an das Volk Israel, das Jahrtausende auf den Messias, den Heilbringer wartete. Im 7. Jahrhundert legte Gregor der Große die Adventszeit auf vier Sonntage fest. Sie dauerte früher 40 Tage, als Weihnachten noch am 6. Januar gefeiert wurde.

Advent bedeutet **Ankunft,** auf lateinisch „adventus". Wir bereiten uns für die Ankunft des Herrn, dass er bei uns ankommt, und dass er am Ende der Zeiten wiederkommen wird.

Der Advent ist die Zeit des Wartens, der Erwartung, der Einkehr, der Vorfreude und der Vorbereitung auf das Fest der Menschwerdung Christi.

Der **Adventskranz** mit seinen vier Kerzen, die schrittweise zu den vier Adventssonntagen angezündet werden, ist aus den Adventsandachten des evangelischen Pfarrers Johann Wichern hervorgegangen. Der Advent sollte durch die zunehmende Zahl der Kerzen immer mehr Licht geben und in der Geburt des Erlösers, „dem Licht, das in der Finsternis leuchtet", seinen Höhepunkt finden. Der erste Adventskranz hing 1839 im „Rauhen Haus", einer Einrichtung für sozial bedürftige Kinder in Hamburg. Wichern wollte ihnen die Wartezeit auf Weihnachten verkürzen. Dieser Kranz war aus Holz und mit 19 kleinen roten und 4 großen weißen Kerzen bestückt, später kamen Schmuck und Tannenzweige dazu.

Das Grün der Tannenzweige, als einziges Grün im Winter, symbolisiert das Leben und die Lebenskraft, das Wachstum und die Hoffnung auf Leben, die Kreisform des Kranzes ohne Anfang und Ende die Ewigkeit und Vollendung, die Ganzheit, die Harmonie und die Einheit. Und die Kerzen stehen für Licht, Wärme und Lebendigkeit und letztlich auch für Jesus, das Licht im Dunkel der Welt. Rote Kerzen versinnbildlichen traditionell die Liebe Gottes, die in Jesus Christus sichtbar in die Welt gekommen ist. Die Viererzahl steht für die vier Adventssonntage. Ein violettes Band erinnert an Buße und Umkehr. Erst im 20. Jahrhundert breitete sich der Adventskranz auch in Süddeutschland aus, 1937 zum erstenmal in einer katholischen Kirche St. Sylvester in München.

Auch der **Adventskalender** kam nach 1850 von evangelischer Seite in Gebrauch. Sein tieferer Sinn ist, sich Tag für Tag auf den Weg zu machen, um Jesus Christus und dem Weihnachtsfest entgegen zu gehen. Er entwickelte sich aus täglich aufgestellten Bildern, zu denen biblische Geschichten erzählt wurden. 1902 wurde in Hamburg der erste gedruckte Adventskalender in Form einer Weihnachtsuhr angeboten. Gerhard Lang aus München druckte 1908 einen Adventskalender, bei dem die Kinder auf 24 Felder 24 Engel-Glanzbilder kleben konnten, später gestaltete er Adventskalender mit Fenstern und Bildern dahinter. Erst ab ca. 1950 eroberte der gedruckte

Adventskalender mit seinen 24 Türchen die Kinderzimmer. Ab 1958 gab es die ersten mit Schokolade gefüllten Kalender.

Lebendiger Adventskalender

In den letzten Jahren wurden in einigen Orten ein so genannter lebendiger Adventskalender organisiert. Dabei trifft sich die Nachbarschaft jeden Adventstag vor einer anderen Haustür oder einem adventlich dekorierten Fenster. Es werden Weihnachtslieder gesungen, Advents- und Weihnachtsgeschichten vorgelesen und Tee oder Glühwein mit Selbstgebackenem angeboten.

Seit dem 5. Jahrhundert finden sich Menschen während der Adventszeit am Übergang von der Nacht in den Tag bei Kerzenlicht zu **Rorate-Gottesdiensten** zusammen, früher Engelamt genannt. Ihnen schrieb man eine besondere Segenskraft für Lebende und Tote und für die Fruchtbarkeit des kommenden Jahres zu. Ihren Namen haben sie von dem Eröffnungsvers des Gottesdienstes „Rorate coeli", das heißt „Tauet ihr Himmel von oben". Dies bedeutet, dass uns die Rettung und das Heil nur von oben, aus dem Himmel kommen kann. Dieser Glaube, diese Hoffnung und diese Erwartung nehmen in der Person von Maria Gestalt an, weswegen diese Roraten auch der Marienverehrung dienten. In einigen Pfarreien wird dieser alte Brauch von der Pfarrjugend mit „Frühschichten" oder „Spätschichten" wiederentdeckt. Dabei wird der Morgen der Adventstage als Ort des Aufbruches oder der Abend als Ort der Versöhnung und des Friedens betend und singend gestaltet.

Gegen Ende der Adventszeit, kurz vor Weihnachten wird vielerorts von Vereinen oder der Pfarrjugend eine **Waldweihnacht** gefeiert. Man macht sich am Abend mit Fackeln auf den Weg in die Natur, trägt an Wegstationen besinnliche Texte vor, singt dazu Lieder und versammelt sich am Ende um ein Feuer bei Glühwein und Punsch.

Leider ist heutzutage die Adventszeit wenig still und besinnlich. Die Weihnachtsdekorationen in den Geschäften und Geschäftsstraßen kamen vor Jahrzehnten erst nach Martini, dann nach Allerheiligen und

Adventssingen in Lindenberg

jetzt schon Anfang Oktober. In Advents- und Weihnachtsfeiern der Vereine und Betriebe stehen Essen und Trinken im Vordergrund, adventliche Lieder werden selten gesungen. Nur in Kirchen, manchmal auch in Schulklassen und einigen Familien wird die Adventszeit noch in christlichem Sinne als Vorbereitung auf Weihnachten gestaltet.

Früher war es Tradition in den Adventstagen zum gemeinsamen Singen und Musizieren zusammen zu kommen. Nach dem 2. Weltkrieg wurde der Brauch des **Adventssingen** durch das Vorbild von Tobi Reiser in Salzburg und durch den Kiem Pauli in München wieder belebt. Als Gegenpol zur vorweihnachtlichen Hektik soll das Adventsingen zur adventlichen Besinnung einladen. In Honsolgen wird der Brauch des Adventssingens in den letzten Jahrzehnten unter der Leitung von Reinhold Geiger gepflegt. In Lindenberg ist das Adventssingen am ersten Adventssonntag der Höhepunkt des Weihnachtsmarktes der Pfarrgemeinde und des Musikvereines.

In der Advents- und Weihnachtszeit wird schon seit ca. 600 Jahren die Wohnung mit Immergrünem, wie z. B. Zweige von Wacholder, Eiben oder Tannen geschmückt, um die ungebrochene Lebenskraft auch in winterlicher Zeit zu verdeutlichen und um Hof und Haus vor Dämonen und Schaden zu bewahren. An oder über die Haustüre wurden und werden **Mistelzweige** gehängt. Da die Mistel als Schmarotzerpflanze auch im Winter gelblich-grüne Blätter und weiße Beeren hat, ist sie Symbolpflanze für Unsterblichkeit. Bei Kelten und Germanen wurden der Mistel Zauber- und Heilkräfte zugesprochen, sie sollte Dämonen, Blitz und Krankheiten abwehren und Glück bringen. Sie war und ist auch ein Symbol des Friedens, der Freundschaft und der Versöhnung. Die Mistel wird heute auch in der Naturmedizin als immunstimulierendes Heilmittel verwendet. In der Adventszeit ist es üblich, auch an Menschen zu denken, die in Armut leben und unsere Hilfe brauchen. Die katholische Kirche erinnert besonders an die Menschen in Lateinamerika durch das **Adveniat-Opfer,** das an Weihnachten abgegeben wird. Der Begriff Adveniat stammt aus der Vaterunser-Bitte „Adveniat regnum tuum - Zu uns komme dein Reich!"

Gestaltungsmöglichkeiten

- Einen Adventskranz mit den Kindern binden: das Daas zu kleinen Zweigen schneiden, diese mit Blumendraht um den Strohrohling, den Strohkranz herumbinden. Der Draht wird jeweils von den neu angelegten Zweigen verdeckt. Mit einem roten oder einem violetten Band kann man den Adventskranz schmücken.
- Eine Rorate, eine Spätschicht oder eine Frühschicht besuchen
- Wir basteln und gestalten einen Adventskalender: mit 25 Fotos von Kindern aus verschiedenen Ländern.
- Wir hängen an einen Tannenzweig eine Kette mit 24 bunt bemalten Holz-, Watte- oder Styroporkugeln oder Papier- oder Strohsternen, wobei täglich eine bzw. einer abgeschnitten wird.
- Ein großes Stoffrechteck (ca. 50x70 cm) wird an einer Holzstange mit einem Überschlag aufgehängt und darauf werden aus bunten Fleckchen 24 nummerierte Täschchen aufgenäht, in die Süßigkeiten oder Zettelchen mit guten Taten oder Aufträgen gesteckt werden.
- Auf einen großen Pappkarton malen wir 24 Felder und stecken jeweils eine Süßigkeit darauf fest. Dies war der erste Adventskalender, den Gerhard Lang von seiner Mutter bekam. Ab 1900 druckte er dann in München schön gestaltete Adventskalender, später auch mit Türchen.
- Das Seelsorgeamt des Bistums Essen bietet jedes Jahr für Familien mit Kindern den Adventskalender „Wir sagen euch an: Advent" an. Jeden Tag gibt es ein neues Blatt mit Geschichten, Liedern, Gebeten und Ideen zum Spielen und Basteln. Er ist ab Oktober zu beziehen über das örtliche Pfarramt oder über *www.katecheten-verein.de.*

Gestaltungsmöglichkeiten

- Einen Adventskalender mit Türchen zum Basteln und Gestalten
  für Kinder bietet das Bonifatiuswerk der deutschen Katholiken
  jedes Jahr an, zu einem günstigen Preis um ca. 3,00 € zu beziehen
  beim Bonifatiuswerk der deutschen Katholiken,
  Diaspora-Kinderhilfe, Postfach 1169, 33041 Paderborn,
  Telefon 0 52 51 / 29 96-0, *www.bonifatiuswerk.de*
- Einen Adventsbegleiter für die Familie mit Impulsen, Gebeten und
  Anregungen für jeden Tag gibt die Katholische Landvolkbewegung
  Bayerns heraus. Die Ausgabe für 2010 mit 88 Seiten kostete 3,00 €.
  Zu erhalten bei KLB, Kriemhildenstraße 14, 80639 München,
  Telefon 0 89 / 17 99 89-02, *www.klb-bayern.de*
- Einen Adventskalender im Internet besuchen:
  www.Advent-ist-im-Dezember.de
- Am Abend werden die Kerzen am Adventskranz angezündet,
  ein Adventslied gesungen, eine Geschichte vorgelesen und ein Kind
  darf ein Türchen am Adventskalender öffnen.
- Bildbetrachtung des Adventsbildes „In Erwartung" von
  Walter Habdank
- Lied lernen und singen: „Wir sagen euch an den lieben Advent"
- Lichtmeditation mit bewusstem Wahrnehmen der Dunkelheit
- Weihnachtsschmuck basteln
- Strohsterne basteln: Strohhalme vor der Verarbeitung unter
  fließendes Wasser halten und sofort auf Zeitungspapier bügeln.
  Aufeinander kleben oder mit einem weißen oder goldenen
  Faden immer kreuzweise zusammenbinden. Zum Schluss mit
  Nagelschere zuschneiden.
- Wichteln: In vielen Familien und Schulklassen ist in der
  Adventszeit das Wichtelspiel beliebt. Jeder Mitspieler schreibt
  auf ein kleines Stück Papier seinen Namen, faltet es wie ein Los
  zusammen und nachdem alle Lose gemischt wurden, zieht jeder
  ein Los - aber nicht das eigene! - mit dem Namen eines

Mitspielers, den er in derAdventszeit besonders liebevoll betreuen bzw. „bewichteln" soll mit heimlichen Hilfen oder kleinen Geschenken oder Überraschungen. Der Wichtel darf sich auf keinen Fall verraten, erst am Heiligen Abend wird das Geheimnis gelüftet, wer wen bewichtelt hat.

- Strohhalmlegen für Kinder: Am ersten Adventssonntag wird eine leere Krippe aufgestellt. Jedes Kind, das eine gute Tat vollbracht hat, darf einen Strohhalm oder eine Feder oder etwas Watte in die Krippe legen, um das Christkindlein möglichst weich zu betten.
- Geschenke für Weihnachten auswählen, basteln und verpacken
- Weihnachtskarten gestalten und Weihnachtspost verschicken
- Weihnachtsplätzchen backen
- Aus Honiglebkuchen ein Knusperhäuschen basteln mit Liebesperlen, Geleefrüchten, Bonbons und Zuckerguss
- Bei einer Weihnachtsspendenaktion mitmachen
- Waldspaziergang und Moos für die Krippe holen
- Weihnachtskrippe aufbauen. Das Jesuskind, Maria und Josef werden erst am Hl. Abend zur Krippe gebracht.
- Einen würzigen adventlichen Duft verströmt eine Orange, die mit vielen Gewürznelken bespickt wird, Löcher können mit einem Zahnstocher vorgestochen werden, z. B. in Kreuzform und mit einem roten Band kreuzweise umbunden
- Ein Häuschen für die Fütterung der Vögeln basteln und im Garten aufhängen

Barbaratag 4. Dezember

Nach der Legende wurde Barbara von ihrem heidnischen Vater, dem reichen Kaufmann Dioskuros von Nikomedia in Kleinasien, dem heutigen Izmit in der nördlichen Türkei, in einen Turm geschlossen, weil er auf seine bildschöne Tochter eifersüchtig war und sie am Heiraten hindern wollte. Aus Alexandrien kam Origenes als Arzt zu ihr und lehrte sie das Christentum. Während der Vater auf Reisen war, ließ Barbara sich taufen und in ihrem Turm ein drittes Fenster durchbrechen als Zeichen für ihre Taufe und ihren Glauben an den dreifaltigen Gott. Wegen ihres Bekenntnisses zum christlichen Glaubens wurde sie von ihrem Vater eingekerkert und im Zorn als Märtyrerin im Jahre 306 enthauptet. Im selben Augenblick wurde der Vater durch einen Blitz getötet.

Auf dem Weg in den Kerker verfing sich ein Kirschbaumzweig in ihrem Gewand. Barbara nahm den Zweig mit in ihr Gefängnis und benetzte ihn mit Tropfen aus ihrem Trinknapf. In den letzten Tagen ihres Lebens fand sie Trost darin, dass der Zweig in ihrer Zelle blühte.

Die heilige Barbara ist zumeist mit einem Turm mit drei Fenstern und einer Hostie dargestellt, da sie in ihrem Turmkerker auf wunderbare Weise durch die Eucharistie gestärkt worden sein soll. Sie ist die Patronin der Bergleute, der Dachdecker, der Bauarbeiter, der Glockengießer und Glöckner, der Schmiede und Waffenschmiede, der Feuerwerker und der Artilleristen. Sie zählt zu den 14 Nothelfern und zu den drei heiligen Mädchen:

> „Barbara mit dem Turm,
> Margarete mit dem Wurm,
> Katharina mit dem Rädchen,
> das sind die drei heiligen Mädchen.“

Am Barbaratag ist es vielerorts üblich, **Barbarazweige** von den Sträuchern abzuschneiden, die im Frühjahr zunächst blühen und dann erst Blätter treiben, wie z.B. Forsythie, Hasel, Blutpflaume und auch

Kirsche, Mandel, Zierquitte, Magnolie. Man sollte kräftige Zweige mit sichtbaren Knospen wählen und die Zweigenden schräg anschneiden. Dann werden die Zweige in einer Vase mit lauwarmem Wasser an einen sonnigen Ort gestellt. Dieser sollte nicht zu warm und nicht zugig sein, damit die Knospen nicht vertrocknen. Bei Bedarf etwas Wasser nachfüllen. Sie blühen dann zu Weihnachten. Mitten im Winter erblüht neues Leben!

Sie sind ein Symbol, dass die Liebe stärker ist als Kälte und Tod, alles Kalte und Abweisende wird durch die Liebe aufgebrochen. Da Blüten in der Winterszeit nicht naturgemäß sind, kann man die blühenden Barbarazweige auch als Hinweis auf den menschgewordenen Sohn Gottes, auf das Übernatürliche der heiligen Nacht hin sehen, in der die Übernatur die Natur überwunden hat: „Es ist ein Ros entsprungen".

Hl. Barbara in der Stephanskirche in Buchloe, gemalt von Joseph Schwarz um 1750

Gestaltungsmöglichkeiten

- Barbarazweige schneiden und aufstellen
- Lebensgeschichte bzw. Legende der hl. Barbara lesen bzw. vorlesen
- Mistelzweig an oder über die Haustüre hängen

Frauentragen

In einigen Pfarreien, u. a. in Buchloe, Lengenfeld, Germaringen, Bad Wörishofen, Ottobeuren wird in der Adventszeit das Frauentragen wieder gepflegt. Grundgedanke ist, Maria und Josef, dem heiligen Paar in der Adventszeit Herberge zu gewähren und mit ihnen Frieden in die Häuser zu bringen. Dabei wird eine Marienfigur, ein Marienbild oder ein Bild der heiligen Familie von einer Familie in eine andere Familie getragen und um Herberge gebeten. Das Bild bekommt mit einem Kerzenlicht einen Ehrenplatz im Haus. Nach einer gemeinsamen Hausandacht mit Beten und Singen sitzen die Hausleute und die Frauenträger noch gemütlich zu einem „Ratsch" zusammen. Am nächsten Tag bringen die Hausleute das Bild bzw. die Marienfigur zur nächsten Familie in Herberge. Durch diesen Brauch wird der Advent als Zeit der Begegnung und der gegenseitigen Stärkung im Glauben sinnvoll belebt.

Übergabe der Marienfigur nach dem Gottesdienst zum Frauentragen

Nikolaus 6. Dezember

Der hl. Nikolaus soll Anfang des 4. Jahrhunderts Bischof in Myra, einer Hafenstadt am Mittelmeer, in der Türkei gewesen sein. Als einer der großen Kirchenfürsten nahm er am Konzil von Nicäa im Jahre 325 teil. Er ist einer der Hauptheiligen der griechisch-orthodoxen Kirche. Man rühmte seine Freigebigkeit und Mildtätigkeit. Viele Legenden erzählen, wie er seinen Mitmenschen in Not und Bedrängnis geholfen hat. So soll er drei unschuldig verurteilte Feldherren vor der Hinrichtung errettet haben und drei verarmten Mädchen in der Nacht drei Goldkugeln in ihr Zimmer geworfen haben und sie dadurch vor der Prostitution bewahrt und ihnen die Hochzeit ermöglicht haben. Bei einer Hungersnot vermehrte er das Getreide in den Schiffen, die im Hafen von Myra lagen. Nikolaus wurde zum Schutzpatron von Schülern, Seefahrern, Kaufleuten, Bäckern, Getreidehändlern, Juristen, Dieben und Gefangenen. In der Diözese Augsburg zeugen 100 Nikolauskirchen von der Verehrung dieses Heiligen. In unserer Region sind Nikolauskirchen u.a. in Waal, Schwäbishofen, Lengenfeld, Helmishofen bei Aufkirch, Leinau, Eiberg bei Irsee, Bayersried, Unterthingau, Wald, Hiemenhofen bei Ruderatshofen, Obergünzburg, Oberkirch bei Füssen (gotisches Nikolaus-Fresko), Krippkirche in Füssen, Pfronten-Berg, Wiedergeltingen, Ettringen, Saulengrain, Schöneberg, Daxberg, Kardorf bei Illerbeuren. Die Marktgemeinde Waal hat in Bezug auf die dortige Nikolauskirche, die ursprüngliche Pfarrkirche, den hl. Nikolaus in ihrem Gemeindewappen.

Da die Schriftlesung für den Nikolaustag das Gleichnis von den Talenten vorschreibt, wurden bereits im Spätmittelalter am Nikolaustag die in der Katechese erworbenen Kenntnisse abgefragt; wobei die Examinierten durch die Begleiter des Bischofs je nach Verdienst Lohn oder Strafe finden. Der Knecht Ruprecht ist der teuflische Begleiter des hl. Bischofs Nikolaus, der als Prüfer das religiöse Wissen abfragt und nach Gebühr entlohnt (nach Dietz-Rüdiger Moser). In den mittelalterlichen Klosterschulen gab es bis zum 16. Jahrhundert, vereinzelt noch bis ins 18. Jahrhundert, die Wahl eines Schülers zum Kinderbischof. Um 1400 wurde dieser Brauch vom Fest der Unschuldigen Kinder (28. Dezember) auf den 6. Dezember verlegt. Der Kinderbischof prüfte auch das Betragen und das Wissen seiner Mitschüler, tadelte mit Rutenschlägen seines Knechtes und belohnte mit Geschenken.

Knecht Ruprecht ist der dienende Begleiter und bischöfliche Helfer. Als pelzzotteliger, oft mit Ketten oder Glocken rasselnder, wilder Mann ist er als böse Schreckgestalt der Kontrast zum braven, kirchlichen Bischof Nikolaus und möglicherweise eine verselbständigte Mummengestalt der wilden Klausen des südlichen Allgäus und der Perchten, die mit Fellen, Geweihen und Hörnern verkleidet Hiebe mit Ruten verteilen.

Kindern, die nicht gehorsam waren, wurde früher angedroht, dass Knecht Ruprecht sie in seinen Sack steckt. Eine solch drastische unpädagogische Maßnahme ist heute nicht mehr üblich.

Am Nikolausvorabend oder am Nikolausabend besucht heutzutage ein Erwachsener verkleidet als **Bischof Nikolaus** mit Mitra und Bischofsstab die Kinder, oft noch in Begleitung von Knecht Ruprecht, der den Tadel des Nikolaus mit dem Schwingen der Ruten unterstreicht. Bischof Nikolaus liest aus dem Goldenen Buch die guten und bösen Taten, lobt und tadelt die Kinder und beschenkt sie.

Bischof Nikolaus mit Knecht Ruprecht

Der traditionelle Nikolaus unserer Gegend ist kein Kinderschreck und auch kein Weihnachtsmann mit einer Zipfelmütze. Die amerikanischen Weihnachtsmänner, die als Billig-Konsumware von Fernost importiert werden und an den Hauswänden hochklettern, brauchen wir eigentlich nicht, sie haben bei uns keinen Sinnhintergrund und keine Tradition. Deshalb gibt es die Aktion „Weihnachtsmannfreie Zone".

In Mussenhausen beim Schützenverein zieht traditionell am Nikolausabend unter den vorweihnachtlichen Klängen der Musikkapelle der Bischof Nikolaus ein, zusammen mit mehreren Ruprechts und Engelchen im Ponygespann. Der Nikolaus schart die Kinder um sich und erzählt ihnen eine Geschichte vom heiligen Nikolaus. Manche Kinder haben für den Nikolaus ein Gedicht einstudiert. Für die braven Kinder hat der Nikolaus ein kleines Geschenk mitgebracht, die Bösen aber bekommen die Rute des Knecht Ruprechts zu spüren. Mit einer Tasse Glühwein können sich die Besucher aufwärmen und gegen den Hunger werden heiße Würstchen angeboten. Anschließend findet die Preisverteilung vom Klausenschießen statt.

In Erkheim finden am Wochenende vor dem Nikolaustag der Klausenmarkt und der Klausenumzug statt, mit Nikoläusen und vielen Klausen, Fahr- und Reitergruppen und Musikkapellen. Nach einer Nikolausfeier verteilen Klausen von einem Geschenkewagen Süßigkeiten an die Kinder.
In Türkheim veranstaltet der Brauchtumsverein einen Umzug mit Schreck einflößenden Klausen aus anderen Brauchtumsregionen.

Medien und Mobilität unserer Zeit ermöglichen es, ein regional gebundenes Brauchtum für eine entsprechende Gage in Orten, die diesen Brauch nicht kennen, zu jeder Zeit zur Schau zu stellen. Heutzutage ist dies besonders bei Faschingsumzügen und Klausenumzügen zu beobachten. Fraglich ist, ob es einem Brauch dienlich ist, ihn in einer anderen Region zur Sensation und zur Schaulust darzustellen.

Gestaltungsmöglichkeiten

- Einen Stuhl als Bischofsthron für den Besuch des Nikolaus herrichten, mit farbigem Tuch und Goldfolie
- Großeltern oder eine alleinstehende Nachbarin zum Nikolausbesuch einladen
- Der Bischof Nikolaus kommt in die Familie, erzählt eine Legende des hl. Nikolaus, die Kinder sagen Gedichte auf und singen Lieder; für jedes Kind hat Nikolaus ein Säckchen dabei.

Gestaltung des Besuches von Bischof Nikolaus in der Familie:
1. Anzünden der Kerze am Adventskranz
Während die Familie, bzw. die Kinder in der Wohnstube Advents- und Nikolauslieder singen („Wir sagen euch an", „Macht hoch die Tür", „Lasst uns froh und munter sein"), empfängt ein Elternteil den Nikolaus an der Haustüre, übergibt ihm eine leserlich geschriebenes Blatt für das Goldene Buch mit den Kindernamen, mit 3 – 4 lobenswerten Verhaltensweisen und 1 – 2 negativen, verbesserungsfähigen Gewohnheiten je Kind, die Geschenke mit dem Namen des Kindes für den Sack und als Arbeitslohn eine Geldspende.
2. Begrüßung des Nikolaus in der Wohnstube:
Nikolaus stellt sich vor, dass er Bischof ist (Bischofsmütze, -stab) und erzählt eine Legende des hl. Bischofs Nikolaus von Myra (Drei goldene Äpfel für arme Mädchen zum Heiraten oder Nikolaus bettelt Weizen aus einem Schiff im Hafen für die hungrigen Stadtbewohner ohne, dass im Schiff der Weizen weniger wurde).
3. Ein Kind darf den Bischofsstab halten.
Nikolaus liest aus dem Goldenen Buch zuerst Lobenswertes, dann Verbesserungsfähiges und spricht mit dem Kind darüber, lässt dem Kind selbst Vorschläge für Verbesserungsmöglichkeiten machen. Nikolaus überreicht dem Kind ein Geschenk aus dem Sack.

4. Kind schenkt dem Nikolaus als Dank ein gemaltes Bild, sagt ein Gedicht auf oder singt ein Lied vor oder musiziert ein Stück, je nach Können und Hobby.

5. Verabschiedung des Nikolaus, evtl. mit gemeinsamem Lied.

- Legende vom hl. Nikolaus lesen und spielerisch oder bildlich gestalten.
- Ein Nikolausgedicht sauber auf ein Blatt abschreiben und verzieren, auswendig lernen und dem Nikolaus vortragen und ihm das Gedichtblatt schenken.
- Nikolauslied „Lasst uns froh und munter sein"
- „Klausa" oder „Klausamala" aus Hefeteig: Süßen Hefeteig fingerdick auswellen, ein längliches Rechteck abtrennen, den Teig mit einem Messer so einschneiden, dass Arme und Beine entstehen, den Kopf als ovalen Kreis ausschneiden und für die Augen und die Knöpfe Rosinen oder Korinthen in den Teig drücken.
- Anislaible („Springerle") und Lebkuchen backen, da sie noch drei Wochen in Blechbüchsen lagern müssen, bis sie weich werden.
- Apfel-Nikolaus basteln: Walnuss als Kopf mit Augen, Nase und Mund bemalen, Watte als Bart und Haare ankleben, Bischofsmütze aus Goldpapier, mit Zahnstocher Walnuss in Apfel stecken, kleinen Tannenzweig als Hand seitlich einstecken.

Rezept Lebkuchen-Nikolaus

Zutaten für den Honigkuchenteig: 125 g Butter, 4 Esslöffel Honig, 1 Prise Salz, 2 Eigelb, abgeriebene Zitronenschale, 1 Esslöffel Zitronensaft, 200 g Vollkornmehl, 50 g Schmelzflocken, 1 Messerspitze Backpulver. Die Eigelbe mit Honig, Fett und Salz schaumig rühren, Mehl darauf streuen und alle restlichen Zutaten unterkneten, dann 30 Minuten kalt stellen. Dann den Teig fingerdick auswellen, in rechteckige Teigplatten schneiden und bei 220° C etwa 15 Minuten backen. Die Platten werden mit einer Eiweiß-Zucker-Glasur bestrichen und die mit Farben ohne Lösungsmittel gemalten Nikolausbilder aufgeklebt.

Gestaltungsmöglichkeiten

- Wunschzettel für Weihnachten an das Christkind schreiben, und verzieren, Spielzeug-Katalog-Bilder aufkleben.
- Weihnachtskarte gestalten und versenden oder an Weihnachten verschenken
- Ein Pfefferkuchenhaus bzw. Hexenhaus aus Lebkuchen, Zuckerguss, Gummibärchen, Schokolinsen u. ä. bauen

Empfehlenswerte Internetadresse mit Legenden, Liedern, Darstellungen und Brauchtumshinweisen zum Nikolaus: *www.nikolaus-von-myra.de*

Rezept Bratapfel

Ungeschälte, leicht säuerliche Äpfel, z. B. Cox Orange oder Boskop oder Jonathan waschen und so entkernen, dass ein Boden bleibt.
In den Hohlraum Rosinen, zerkleinerte Walnussstückchen, etwas Honig, evtl. ein Teelöffel Vanillezucker oder etwas Zimt und obendrauf einen Klecks Marmelade, ein Stückchen Butter und einige Mandelstifte geben.

Die Äpfel in einer flachen, mit Butter bestrichenen Terrine oder Auflaufform oder in Alufolie gewickelt auf einem Backblech bei 180° bis 200° C für ca. 20 bis 30 Minuten in das vorgeheizte heiße Backrohr stellen.
Man kann den Bratapfel auf ein mit Puderzucker besiebtes Teller stellen und dazu ein Vanilleeis oder eine Vanillesauce geben.

Lucia 13. Dezember

Die heilige Lucia lebte in Syrakus auf Sizilien und starb um 304 unter Kaiser Diokletian als Märtyrerin. Sie wollte keusch leben und wurde deshalb als Christin von ihrem Verehrer denunziert. Der Legende nach half Lucia den Christen, die sich damals verstecken mussten. Sie brachte ihnen nachts heimlich Lebensmittel und trug dabei einen Lichterkranz auf dem Kopf, um beide Hände für das Tragen der Speisen frei zu haben. Ihr Name bedeutet die Leuchtende, die Lichtvolle, von lateinisch „lux" = Licht. Lucia ist in Italien eine populäre Volksheilige, bekannt auch durch das Lied „Santa Lucia". Bis zur Kalenderreform durch Papst Gregor XIII. 1582, nach dem Donnerstag, den 4. Oktober folgte zum Ausgleich der ungenauen Jahresberechnungsmethode unmittelbar der Freitag, der 15. Oktober, fiel der Lucia-Tag Jahrhunderte lang auf die Wintersonnenwende, auf die längste und dunkelste Nacht des Jahres. Da die Tage wieder länger werden, wurde die Wende von der Dunkelheit zum Licht bereits in vorchristlicher Zeit mit dem Anzünden von Feuern, dem Aufstellen von immergrünen Bäumen und dem Schmücken des Hauses mit immergrünen Zweigen gefeiert.

In Schweden wird die Luciennacht als Mittwinternacht gefeiert und die Lucia wird zur lichtertragenden Gabenbringerin. Dort tritt am Morgen des 13. Dezembers das älteste Mädchen in einem langen weißen Kleid als Luciabraut bzw. als „Lichtmaid" auf. Ihr Kopf ist mit einem grünen Kranz, oft aus Preiselbeeren geschmückt, in den brennende Kerzen gesteckt sind. So weckt sie alle Familienmitglieder, serviert ihnen das Frühstück ans Bett und bringt die ersten Weihnachtsplätzchen.

Santa-Lucia-Lichterfest in Neugablonz

In Neugablonz wird alljährlich am Abend des Luciatages ein Santa-Lucia-Lichterkonzert in der Herz-Jesu-Kirche veranstaltet. Umrahmt von einem Meer von Kerzenlichtern zieht der Chor und eine Saitenmusik mit der Luciabraut ein. Sie singen und spielen adventliche Lieder und Weisen.

Gestaltungsmöglichkeiten

- Lebensgeschichte bzw. Legende der hl. Lucia lesen
- Kerzen oder Teelichte für Menschen anzünden,
  an die wir jetzt denken.
- Elektrisches Licht ausschalten und bei Kerzenschein Lieder singen
- Christbaum kaufen oder in einer Christbaumplantage schneiden
- In der Abenddämmerung Gang zum Christkindlesmarkt

Weihnachten

Die Wintersonnenwende wurde bereits bei den Ägyptern, Syrern, Griechen und Römern am 25. Dezember als Geburtstag der unbesiegbaren Sonne „Sol invictus" bzw. des Sonnengottes Mithras gefeiert. Schon in vorchristlicher Zeit wurden die Nächte nach der Wintersonnenwende „wihen Nahten" (geweihte Nächte) genannt.

Die nordgermanischen Völker feierten in Gelagen Lichtfeste, die Julfeste. Dieses vorchristliche Julfest wurde 940 aus unbekannten Gründen von Hakon dem Guten von der Januarmitte auf den 25. Dezember vorverlegt. Das christliche Weihnachten kann also nicht zur Verdrängung des germanischen Julfestes auf den 25. Dezember gelegt worden sein, da es sechs Jahrhunderte früher nachgewiesen ist.
Ursprünglich gab es im Christentum bis Anfang des 4. Jahrhunderts parallel zum Fest der Auferstehung an Ostern nur das Fest der Erscheinung des göttlichen Herrn am 6. Januar. Deshalb feiern einige orthodoxe Kirchen Weihnachten bis heute am 6. Januar.

Das christliche Weihnachtsfest als Feier der Geburt Jesu Christi wurde nachweislich erstmals im Jahre 336 in Rom begangen. Vielleicht reagierten die Christen damit auf das Geburtsfest des heidnischen Sonnengottes „Dies natalis Solis invicti", das 274 durch den römischen Kaiser Aurelian neu eingeführt und auf den 25. Dezember gelegt wurde. Da nach der Wintersonnenwende die Tage wieder länger und heller werden, würde dies auch auf Christus passen, der als das „Licht der Welt" (Johannes 8,12 und 1,9) kommt.

Papst Hyppolit soll 217 das Fest der Geburt Christi auf den 25. Dezember gelegt haben, dies konnte Papst Liberius aber erst 354 durchsetzen und auf dem 2. Konzil in Konstantinopel 381 n.Chr. wurde dieser Termin als Dogma festgelegt. In Deutschland wurde das Weihnachtsfest am 25. Dezember durch die Mainzer Synode im Jahre 831 eingeführt. Damals begann am 25. Dezember das Kalenderjahr, dies galt bis zur Einführung des Gregorianischen Kalenders im Jahre 1582.

Die Weihnachtsbotschaft ist: Gott schenkt uns in einem armseligen Kind seinen Sohn als unseren Erlöser, der als wahres Licht in die Finsternis dieser Welt kommt und Licht in unser Leben bringt, und der sich auf die Seite der Kleinen, Armen und Bedrängten stellt. Dies ist die Mitte und der Kern der mitternächtlichen **Christmette.** Bis zum 17./18. Jahrhundert wurde sie am Weihnachtsmorgen gefeiert, als Morgengebet, das heißt lateinisch „hora matutina"; daher kommt das Wort Mette.

Am Nachmittag vor dem Hl. Abend wird das Weihnachtsgeschehen für die Kinder in **Kindermetten** spielerisch dargestellt in einem Krippenspiel oder einer Krippenlegung.

Der Vorabend vor dem Weihnachts-Festtag, der **Heilige Abend,** wird im engsten Familienkreise gefeiert: Am Christbaum werden die Kerzen entzündet, gemeinsam werden Weihnachtslieder gesungen, das Weihnachtsevangelium vorgelesen und die Geschenke ausgepackt.

Krippenspiel in der Kindermette

Als Gabenbringer gilt das **Christkind,** es verkörpert eine Engelsgestalt aus den früher sehr beliebten Weihnachtsspielen und war ursprünglich nicht identisch mit dem Erlöserkind in der Weihnachtskrippe.

Martin Luther hat um 1535 die Kinder- und Familienbescherung, die früher am Nikolausabend erfolgte, auf den heiligen Abend gelegt. Die Gaben brachte nun der heilige Christ, der später zum Christkind verniedlichte.

Wir beschenken uns an Weihnachten, da Gott uns in seiner Liebe seinen Sohn geschenkt hat. **Geschenke** sind Zeichen der Verbundenheit und des Dankes. Entscheidend ist nicht der finanzielle Wert, sondern das Nachdenken, wie man dem Beschenkten eine Freude machen kann, z. B. mit Selbstgemachtem.

Seit jeher wurden in den Naturreligionen Bäume, wie der Weltenbaum, der Lebensbaum und die heiligen Haine der Germanen und Kelten verehrt. Der Baum ist die symbolische Verbindung zwischen Himmel und Erde, er ist ein Sinnbild des Lebens mit seinem Verwurzeltsein in der Erde und dem Streben nach Höherem. Bereits die Römer bekränzten zum Jahreswechsel ihre Häuser mit Lorbeerzweigen und im Mithras-Kult wurde zur Wintersonnenwende zu Ehren des Sonnengottes ein Baum geschmückt. Auch in nördlichen Gegenden wurden im Winter Tannenzweige ins Haus gehängt, um bösen Geistern das Eindringen zu erschweren und das Grün gab Hoffnung auf die Wiederkehr des Frühlings. Noch im Jahre 1935 wehrte sich der Osservatore Romano, die Zeitung des Vatikans, gegen „die heidnische Mode des Weihnachtsbaumes als einem Überbleibsel alter Naturgebräuche".

Christbaum

Die Anfänge des **Weihnachtsbaumes** gehen ins 16. Jahrhundert auf die Zünfte und Bruderschaften zurück, die in ihren Stuben zu Weihnachten immergrüne Bäume mit Äpfeln und Nüssen - oft vergoldet - Oblaten und Papierrosetten behängten. Die erste Heimat des Weihnachtsbaumes soll in Straßburg und im Elsass sein, dazu gibt es ab 1509 und 1521 urkundliche Belege, z. B. „Dannenbäume ... Roßen auß vielfarbigem Papier, Aepfel, Oblaten, Zischgold und Zucker". Dort werden seit dem 17. Jahrhundert Tannenbäume geschmückt mit Papierrosen als Symbol für die Rose vom Zweig Jesse („Es ist ein Ros entsprungen"), mit Äpfeln, die als Paradiesfrucht durch die Erlösung durch Christus wieder am

Weihnachtsbaum, dem Christbaum als Paradiesbaum hängen dürfen und mit Kerzen als Zeichen für Jesus, das Licht der Welt. Der Christbaum erinnert an den Baum des Lebens im Paradies, zu dem Christus durch seine Menschwerdung den Menschen nach ihrer Vertreibung aus dem Paradies einen neuen Zugang eröffnet hat, durch seine Erlösungstat. Aus den roten und vergoldeten Äpfeln entwickelten sich die **Christbaumkugeln** (1830), wobei Rot und Gold als Farben des Lebens und des Lichtes gelten. Der Stern auf der Baumspitze erinnert nicht nur an den Stern von Bethlehem, sondern steht nach altem Glauben auch für die vier Jahreszeiten. Der immergrüne Baum ist ein uraltes Symbol für Leben, Wachstum und Hoffnung.

Im 17. und 18. Jahrhundert erfuhr der Weihnachtsbaum in Adels- und Bürgerhäusern eine entscheidende Bereicherung durch die Kerzen. 1611 schmückte die schlesische Herzogin den ersten Weihnachtsbaum mit Kerzen. Erst im Laufe des 19. Jahrhunderts breitete sich der Christbaum auch auf dem Lande aus, insbesondere sollen ihn bayerische Soldaten vom Deutsch-Französischen Krieg 1870/71 in unsere Heimat mitgebracht haben. Und so wurde der Tannenbaum zum Symbol des Weihnachtsgeschehens.

Inzwischen wanderte der Weihnachtsbaum bereits Wochen vor Weihnachten auf die öffentlichen Plätze, Betriebe, Bahnhöfe und in die Kaufhäuser und wurde zum Werbeträger für den vorweihnachtlichen Umsatz und Konsum. Leider wird der Christbaum dadurch immer mehr zum Adventsbaum, zunehmend auch im privaten Bereich. Der Trend zum frühen Baum kommt aus Amerika. Dort wird der Weihnachtsbaum vielerorts nach dem Thanksgiving-Fest am letzten Donnerstag im November aufgebaut. Brauchtumsexperte Becker-Huberti dazu: „Wir haben das Warten verlernt; das Warten im positiven Sinne: das Sich-Ausmalen, wie es sein wird. Vorfreude kann doch viel schöner sein als das Ereignis selbst. Wir haben für unser Leben die Regeln der Wirtschaft übernommen, nach denen wir alles hier und sofort haben müssen.“

Die Hauskrippe sollte auf Reichweite der Kinder sein.

Der biblische Bericht von der Geburt Jesu (Lukas 2,7) spricht von einer Krippe, einem Futtertrog, in den das neugeborene Kind gelegt wurde. Bereits im 4. Jahrhundert gab es in Rom Bilder von der Geburt Christi und eine Verehrung der Krippenszene. Franz von Assisi gestaltete 1223 in einem Wald bei Greccio in Mittelitalien eine **Krippe mit lebenden Figuren** und wollte damit auf die Menschwerdung und die Menschlichkeit Jesu hinweisen. Erst Ende des 16. Jahrhunderts kam es zu Darstellungen der Krippenszene mit beweglichen Figuren. Begeisterte Verehrerin der Weihnachtskrippe war damals die bayerische Erzherzogin Maria, Tochter von Herzog Albrecht V.. In der Gegenreformation der Jesuiten Mitte des 17. Jahrhunderts erlebte die Krippenkunst ihren Höhepunkt, mit Brokat bekleideten großen Figuren. Eine solche Barockkrippe ist in der Jesuitenkirche in Mindelheim noch erhalten. Die größte Krippensammlung der Welt findet sich im Bayerischen Nationalmuseum in München.

Eine **Weihnachtskrippe** veranschaulicht das Geschehen um die Geburt Christi und sollte deshalb auch mit den Kindern in kindgemäßer Reichweite aufgebaut und ihnen erläutert werden. Die Figur des Jesuskindes wird aber erst am Hl. Abend in die Krippe gelegt. An einigen Orten wird eine lebende Krippe aufgebaut, so z. B. von der Kaufbeurer

Krippenfiguren aus dem Grödnertal

Initiativeim Märzenburger Wald. Früher war es Brauch, wie heute noch in Mittelschwaben um Krumbach, nach Weihnachten von Haus zu Haus zum **Krippenschauen** zu gehen oder die Nachbarn zu besuchen zum **„Christbaum-Loba".** Für das Lob wird dann ein Schnaps ausgegeben.

Für die Rauhnächte zwischen Weihnachten und Dreikönig wurden schon in vorchristlicher Zeit Opferbrote zur Bewirtung der Seelen der Verstorbenen gebacken. Diese Opferbrote versprachen Glück und wurden von den Menschen anschließend verspeist. So entstanden das Hutzelbrot, das Kletzenbrot und in Beziehung zum christlichen Weihnachtsfest der **Christstollen.** Der Stollen, anfangs im Kloster eine Fastenspeise nur aus Mehl, Wasser und Hefe, stammt ursprünglich aus Sachsen, dies lässt sich an einem Zunftprivileg für die Naumburger Bäcker von 1329 nachweisen. Am bekanntesten ist der Dresdener Stollen mit Rosinen, Mandeln und Marzipan.

Umstritten ist, ob der Christstollen anfangs ein Schau- oder Gebildebrot war, das weiß gepudert das in Windeln gewickelte Christkind, das Fatschenkind darstellte. In den Alpenländern wurde es früher aus Mehlteig und Wasser hergestellt, reichlich mit Zuckerguss und Flitter verziert, in einen Kasten gelegt und an Freunde, Kinder und Verwandte verschenkt. Im Laufe der Zeit füllte sich mit zunehmendem Reichtum der Teig mit vielen köstlichen Zutaten und wandelte seine Form zum Stollen.

Rezept Christstollen

750 g Mehl, 50 g Hefe, ⅛ l Milch, Prise Salz, 200 bis 250 g Butter, 150 g Zucker, 2 Eigelb, 1 Zitronenschale, 50 g Zitronat, 50 g Orangeat, 100 g süße, geschälte, gemahlene oder gehackte Mandeln, 100 g Sultaninen, 50 g Weinbeeren, 1 Teelöffel Zimt, 3 bis 4 Esslöffel Rum (ein altes Rezept).

Gestaltungsmöglichkeiten

- Krippenbauen in der Vorweihnachtszeit aus verschiedenen Materialien; Krippenfiguren aus Fimo, Ton, Stoff ... die Krippe sollte für Kleinkinder auf Augenhöhe gebaut werden.
- Advents- und Weihnachtslieder singen, auf Kassette aufnehmen
- Weihnachts-, Krippenspiel einüben
- Christbaumschmuck gestalten, z. B. Strohsterne
- Christbaum mit den Kindern schmücken
- Kindergottesdienst, Kindermette mit Krippenspiel besuchen
- Gang zur Christmette am Heiligen Abend
- Auf dem Familiengrab eine Kerze anzünden
- Weihnachtsgeschenke oder -wünsche an Nachbarn, Verwandte und Freunde verteilen, Beziehungen pflegen
- Krippen in der Nachbarschaft und in der Kirche anschauen
- Familien-Spielzeit an den Weihnachtstagen einplanen: Karten-, Gesellschaftsspiele, Memory, u.ä.
- Familien-Vorlesezeit bei Tee und Keksen
- Schneemann bauen, Schneeballschlacht, Schneeball-Zielwerfen

Gestaltung des Hl. Abends in der Familie

1. Gemeinsames einfaches Abendessen an einem festlich gedeckten Tisch. Als Zeichen der Zusammengehörigkeit sich an den Händen halten und ein Tischgebet sprechen und sich einen guten Appetit wünschen.
2. Unterdessen zündet ein Elternteil im Wohnzimmer den Christbaum an, legt die Geschenke bereit und deckt sie mit Tüchern ab.
3. Gemeinsamer Gang ins Wohnzimmer
4. Advents- oder Weihnachtslied musizieren oder singen
5. Weihnachtsevangelium erzählen oder vorlesen, z. B. aus einer Kinderbibel.
6. Jesuskind in die Krippe legen

7. Sinn von Weihnachten und Geschenken kurz erläutern: Gott ist aus Liebe zu uns Menschen Mensch geworden; Jesus ist für uns ein Geschenk Gottes. Durch ein Geschenk zeigen wir unsere Liebe und wollen einem anderen Freude machen.
8. „Stille Nacht" singen oder von CD mitsingen
9. Geschenke öffnen, möglicherweise nacheinander vom Jüngsten zum Ältesten
10. Gemeinsamer Gang zur Christmette

Rezept Weihnachtspunsch für Kinder

Eine Apfelsine schälen und in Würfel schneiden, eine Zitrone in dünne Scheiben schneiden und diese mit 4 Nelken und einer Zimtstange in einen großen Topf geben mit ½ Liter Früchtetee, ½ Liter Holunderbeerensaft und 1 Liter Apfelsaft. Eine Viertelstunde lang leicht köcheln lassen, dann ausschenken.

Hl. Stephanus 26. Dezember

Am 2. Weihnachtsfeiertag wird schon sehr früh in der römischen Liturgie das Gedächtnis an den hl. Stephanus gefeiert. Er war einer der ersten sieben Diakone, die von der christlichen Urgemeinde in Jerusalem gewählt und durch Handauflegung der Apostel geweiht wurden. In Auseinandersetzungen der hellenistischen und der aramäischen Judenchristen wurde er zu Tode gesteinigt (Apostelgeschichte 6 und 7). Er gab als erster christlicher Märtyrer, als Erzmärtyrer, Zeugnis für seinen Glauben. Sein Patrozinium feiern der Stephansdom in Wien und in Passau und die romanische Stephanskirche in Buchloe.

Hl. Johannes Evangelist 27. Dezember

Der Legende nach wurde dem Apostel Johannes ein vergifteter Wein gereicht. Als er diesen segnete, kam das Gift als Schlange hervor. In Erinnerung daran segnet man den Johanneswein und reicht ihn den Gläubigen zum Trinken mit dem Spruch „Trinke die Liebe des Heiligen Johannes". Das Segensgebet lautet:

„Herr, unser Gott, du schenkst uns den Wein als Frucht der Erde und der menschlichen Arbeit. Dein Sohn Jesus Christus hat den Wein erwählt als Zeichen des Neuen Bundes in seinem Blute. Segne diesen Wein, den wir zu Ehren des heiligen Apostels Johannes trinken. Lass uns erfahren, dass du der Gott bist, der die Herzen der Menschen froh macht und Gemeinschaft stiftet."

Silvester 31. Dezember

Viele, die an Silvester feiern, wissen nicht, dass sie den Namenstag eines Papstes feiern. Silvester I. war in Rom der 34. Papst von 314 bis zu seinem Todestag am 31.12.335. Er taufte Kaiser Konstantin den Großen und beendete somit die Christenverfolgungen. Er baute die erste Petruskirche über dem Petrusgrab und 325 wurde im Konzil in Nicäa das erste Glaubensbekenntnis festgelegt.

Als 1582 der Gregorianische Kalender eingeführt wurde, rückte der letzte Tag im Jahr vom 24. auf den 31. Dezember.

In der Nacht zum Jahreswechsel geht es schon seit Urzeiten um die Abwehr von bösen Geistern und Dämonen, vor allem durch Krach, Lärm, Peitschenknallen und Schießen.

Heutzutage wird dieser Brauch auf der ganzen Welt durch **Feuerwerke** realisiert. Waren sie früher ein Ritus zur Abwehr von dunklen Kräften und Dämonen in der dunkelsten Jahreszeit, ist das Feuerwerk heute ein Ausdruck der Freude und der Begrüßung des neuen Jahres geworden. Jahr für Jahr werden in Deutschland in der Silvesternacht Knaller, Böller und Raketen für ca. 60 Millionen Euro in die Luft gejagt. Aufrufe wie **„Brot statt Böller"**, zugunsten eines wohltätigen Zweckes auf das Feuerwerk zu verzichten, verhallen.

Die Silvesternacht zählt auch zu den **Losnächten,** an denen man nach altem Brauch durch ein Los die Zukunft voraussehen kann. Bekannt ist das Zinn- oder Bleigießen, bei dem in einem eisernen Löffel ein Stück Blei - auch mit Wachs machbar - über einer Kerzenflamme zum Schmelzen gebracht wird und danach in ein Gefäß mit kaltem Wasser geschüttet wird. Aus den Formen der erstarrten Bleimasse und ihrer Deutung kann man das kommende Schicksal herauslesen: Schiff = Seereise, Moos = viel Geld, Kranz = Hochzeit,...; der Phantasie sind keine Grenzen gesetzt!

Abergläubische **Glücksbringer** haben beim Übergang vom alten zum neuen Jahr Hochkonjunktur und werden in allen möglichen Formen und Materialien vermarktet.

Nach der alten Volksweisheit „Wer den Pfennig nicht ehrt, ist des Talers nicht wert" ist der **Glückspfennig** ein Symbol für Reichtum mit dem Wunsch, dass dem Empfänger niemals das Geld ausgehen möge.

Ein zufällig gefundenes **vierblättriges Kleeblatt** als Glückssymbol schützt vor Bösem und soll ein Stück vom Paradies sein. Denn nach der Legende hat Eva ein vierblättriges Kleeblatt als Andenken aus dem Paradies mitgenommen.

Der **Marienkäfer** gilt als Himmelsbote der Mutter Gottes und wurde deshalb so benannt. Er soll Kinder beschützen und Kranke heilen, wenn er ihnen zufliegt. Wegen seines extravaganten Aussehens und seiner psychoaktiven Wirkung in Verbindung mit Zauberei soll der **Fliegenpilz** ein Glücksbringer sein.

Da das **Hufeisen** von jeher das Pferd als edles und wertvolles Tier schützt, wurde es bei fast allen Völkern zum Glücksbringer. Es soll böse Hexen fernhalten, da sie nach dem Aberglauben Angst vor Pferden haben. Am Mast eines Schiffes befestigt garantierte es sichere Fahrt, am Türbalken beschützt es Haus und Hof und verwehrt Fremden und den bösen Geistern den Zugang.

Bei den germanischen Völkern war der Eber ein heiliges Tier und das **Schwein** ein Symbol für Wohlstand und Reichtum, für Fruchtbarkeit und Stärke. Wer früher ein Schwein hatte, war reich, denn Fleisch gab es nur selten. Im Mittelalter bekam der Letzte bei Wettbewerben ein Schwein als Trostpreis; er hatte das Glück, „Schwein gehabt" zu haben.

Wenn früher der Kamin verstopft war oder schlecht zog, konnte weder gekocht noch geheizt werden. Erst der **Kaminkehrer** brachte durch das Säubern des Schlotes das „Glück" wieder zurück. Er brachte auch die Jahresrechnung ins Haus und wünschte dabei viel Glück.

Die kirchliche **Dankandacht zum Jahresschluss** wurde in Buchloe auf den Spätnachmittag gelegt, damit man am Silvesterabend Zeit zum gemeinsamen Essen, Trinken und Feiern hat. Seit einigen Jahren wird sie ökumenisch gefeiert.

Der Wunsch „Einen **guten Rutsch** ins Neue Jahr!" soll von dem hebräischen Wort „rosch" kommen, das Kopf und Anfang bedeutet. Das jüdische Neujahrsfest heißt „Rosch ha-Schanah".

Schlag zwölf Uhr prostet man sich mit Sekt zu und wünscht alles Gute zum Neuen Jahr. Alle Kirchenglocken läuten das Neue Jahr ein und zum **Neujahrsanschießen** ist über dem Ort ein buntes Feuerwerk von zahllosen Leuchtraketen mit Knall und Rauch.

Das evangelische Gemeindehaus in Buchloe ist nach dem evangelischen Theologen *Dietrich Bonhoeffer* benannt, der 1943 von den Nationalsozialisten inhaftiert wurde. An ihn erinnert auch eine Gedenktafel vor der evangelischen Hoffnungskirche. 1944 hat Bonhoeffer - kurz vor seinem Tod im Konzentrationslager Flossenbürg - in der **Silvesternacht** aus dem Gefängnis an seine Familie geschrieben:

Von guten Mächten treu und still umgeben,
behütet und getröstet wunderbar,
so will ich diesen Tag mit euch leben
und mit euch gehen in ein neues Jahr.
Von guten Mächten wunderbar geborgen,
erwarten wir getrost, was kommen mag.
Gott ist mit uns am Abend und am Morgen
Und ganz gewiss an jedem neuen Tag.

FESTE, FEIERN UND BRÄUCHE IM LEBENSLAUF

Zum Lebenslauf eines jeden Menschen gehören zahlreiche wichtige Stationen, Knotenpunkte des Lebens, die mit Festlichkeiten und Bräuchen verbunden sind. Lebenslaufbräuche sind durch die Eckpunkte Geburt und Taufe, Hochzeit und Ehe, Tod und Begräbnis zeitlich individuell bestimmt. Sie sind nicht an die Natur, die Jahreszeiten oder den Kalender, sondern nur an die Situation des Einzelnen gebunden.

In solchen Lebenswenden, in denen sich oft etwas Grundlegendes ändert, tut es gut, nicht allein zu sein, sondern in Gemeinschaft mit anderen auf den eigenen Lebensweg zu schauen und als religiöser Mensch ihn als einen Weg mit Gott zu begreifen. Diese Lebenshöhepunkte werden vor allem im Kreise der Familie, der Verwandten und der engeren Gemeinschaft gefeiert und können nur bei Hochzeit und Beerdigung einen gewissen Öffentlichkeitscharakter bekommen.

Da auch unsere Region als Kulturraum nicht allein vom christlichen Glauben, sondern von unterschiedlichen Weltanschauungen und Lebenswelten geprägt ist und die individuelle Freiheit, die persönliche Selbständigkeit, die vielseitigen Informationsmöglichkeiten und die Mobilität in unserer Gesellschaft immer mehr zunehmen, werden auch die Rituale und Bräuche bei existenziellen Lebensstationen individueller, beliebiger, variabler und vielgestaltiger. Die Gestaltungsweisen sind bedingt durch Unterschiede zwischen Stadt und Land, durch Glaubens- und Weltanschauungsfragen, durch materielle Gegebenheiten und durch die sozialen Beziehungsnetze. Besonders auffällig ist dies bei Hochzeiten und Beerdigungen.

Die folgenden Ausführungen orientieren sich vorrangig an christlichen Werten und Formen, da die meisten Bräuche des Lebens in unserer Region christliche Wurzeln haben. Da sie aber vielen, auch Gläubigen, nicht mehr so vertraut sind, sollen auch ausführliche Anregungen und *konkrete Hilfen für eine lebendige, sinnvolle Gestaltung* gegeben werden.

Wochentagsrituale

Rituale sind vertraute Verhaltensmuster und wiederkehrende Handlungsabläufe für bestimmte Situationen. Gerade Kinder wollen und brauchen Rituale, um sich in der Welt wohl zu fühlen; sie geben ein Gefühl von Sicherheit, Verlässlichkeit und Geborgenheit.

Schon die Babylonier kannten nach den vier Mondphasen die Siebentagewoche und benannten die **Wochentage** nach den sichtbaren sieben Planeten: Sonne, Mond, Mars, Merkur, Jupiter, Venus und Saturn. Griechen und Römer übernahmen diese, die Germanen übertrugen sie im vierten Jahrhundert n. Chr. auf ihre Götter. So entstand nach dem Gott Tyr oder Ziu, dem Beschützer des Things (germanische Volks- und Gerichtsversammlung) der Dienstag, nach dem Gott Donar oder Thor der Donnerstag und nach der Göttin Freya der Freitag. Nach der Christianisierung wollte man die heidnischen Namen zurückdrängen, dies gelang aber nur beim Mittwoch (Wochenmitte) und beim Samstag, der seinen Namen dem „jüdischen Sabbat" verdankt.

In der Bibel ist ein wöchentlicher **Ruhetag** bildlich in Gott verwurzelt: „Und er ruhte am siebten Tag, nachdem er sein ganzes Werk vollbracht hatte" (Schöpfungsbericht Genesis 2,2) und „Sechs Tage darfst du schaffen und jede Arbeit tun. Der siebte Tag ist ein Ruhetag, dem Herrn, deinem Gott, geweiht. An ihm darfst du keine Arbeit tun" (Zehn Gebote Exodus 20,9). Deshalb führten die Juden alle sieben Tage einen arbeitsfreien Tag ein, den Sabbat. Diese Regelung übernahmen die Christen, legten aber den Ruhetag als ersten Tag der Woche auf den **Sonntag,** den Auferstehungstag am dritten Tag nach der Kreuzigung. Um 110 n. Chr. schrieb Ignatius als Bischof von Antiochien in einem seiner Briefe: „Wir feiern nicht mehr den Sabbat, sondern leben unter Beobachtung des Herrentages, an dem auch unser Leben aufgegangen ist." Dass die ersten Christen am Sonntag zusammenkamen und miteinander Gottesdienst und Eucharistie feierten, ist in Schriften, z.B. in der „Didache" von ca. 90 n. Chr. nachweisbar: „Wenn ihr aber am Herrentag zusammenkommt, dann brecht das Brot und sagt Dank, nachdem ihr zuvor eure Übertretungen bekannt habt, damit euer Opfer rein sei." Auch beim römischen Geschichtsschreiber Plinius (um 110 n. Chr.) lesen wir: „Sie pflegten sich an einem bestimmten Tage vor Sonnenaufgang zu versammeln, Christus als ihren Gott einen Wechselgesang zu singen...".

Der römische Kaiser Konstantin I. erklärte als Verehrer des Christengottes im Jahre 321 den Sonntag zum **arbeitsfreien Ruhe- und Feiertag.** Als Christen sollten wir uns am Sonntag Zeit nehmen für Gott und Zeit haben füreinander und für uns selber.

Gestaltungsmöglichkeiten

- Ausschlafen
- Sonntagsgottesdienst mitfeiern
- Gemeinsames Essen, z.B. Sonntagsbrunch
- Ein Gespräch suchen
- Miteinander spielen
- Musik machen oder hören
- Spaziergang in der Natur
- Wandern
- Fahrradtour
- Gemeinsamer Sonntagsausflug
- Zum Baden gehen
- Begegnung mit Nachbarn
- Kranke und Alte besuchen
- Gastfreundschaft pflegen

Der Sonntag als arbeitsfreier Tag ist ein hohes Kulturgut Es sind die gemeinsamen freien Zeiten, die menschliche Begegnung, Beziehungen, Gemeinschaft, Werte und Liebe wachsen lassen.

Der Sonntag ist gesetzlich geschützt. In der Weimarer Verfassung (1919) ist festgelegt: „Der Sonntag und die staatlich anerkannten Feiertage bleiben als Tage der Arbeitsruhe und der seelischen Erhebung gesetzlich geschützt." Im Artikel 140 des Grundgesetzes der Bundesrepublik Deutschland wurde dieser Passus als Bestandteil des Grundgesetzes übernommen. Das Bundesverfassungsgericht hat durch sein Urteil vom 1.12.2009 die allmählich uferlosen Ausnahmeregelungen zur Aufhebung der Sonntagsruhe in die Schranken verwiesen.

Die evangelisch-lutherische Kirche und die katholische Kirche haben 1999 eine gemeinsame Erklärung zum Sinn und zur Bedeutung des Sonntags herausgegeben. Aufkleber-Aktionen, u. a. der Katholischen Arbeitnehmer-Bewegung (KAB) versuchen dies zu verdeutlichen: „Sonntag muss Sonntag bleiben." - „Ohne Sonntag gibt es nur Werktage."

Der Sonntag als arbeitsfreier Tag wird heutzutage nicht nur christlich, sondern auch sozial, humanitär, ökologisch und tierfreundlich begründet. Dagegen setzt sich die Wirtschaft immer mehr mit Ausnahmeregelungen durch, da die Auslastungszeit der Maschinen möglichst 24 Stunden an jedem Tag betragen soll. Kommerz und Konsum von den Tankstellen über die Möbelhäuser, von den Autohäusern bis zu den frischen Frühstücksbrötchen der Bäckereien bieten immer mehr Möglichkeiten zum sonntäglichen Einkaufsbummel an. Auch der Tourismus und die Freizeitindustrie nehmen den Sonntag mit verlockenden Angeboten in Beschlag, so dass man sich oft am Montag von den Strapazen eines oberflächlichen Aktionismus des hektischen Sonntags erholen muss. Leider nimmt der Trend zum Sonntag als „Unruhetag" schrittweise immer mehr zu, während die Zahl der sonntäglichen Kirchgänger stagniert oder abnimmt. Statt ein Tag der religiösen Einkehr, der Ruhe, der menschlichen Begegnung und der Familie zu bleiben, ist der Sonntag leider auf dem Weg, ein Tag wie jeder andere zu werden.

Am Samstagnachmittag wird in vielen Pfarreien um 14 Uhr der Sonntag als christlicher Urfeiertag zur Erinnerung an die Auferstehung Christi mit den Kirchenglocken eingeläutet.

Am Freitagnachmittag wird vielerorts noch um 15 Uhr mit einer großen Kirchenglocke zur Erinnerung an die Todesstunde Jesu geläutet.

Tagesrituale

Der Dreiklang des Tages morgens - mittags - abends ist ein Grundrhythmus, den die Sonne vorgibt.

Seit 1456 läutet die „Angelus"-Glocke auch heute noch dreimal täglich, morgens um 7 Uhr oder 6 Uhr, mittags um 12 Uhr und abends um 19 Uhr zum **„Engel des Herrn"**, dem „Angelus" (Gebet im Gotteslob Nr. 2,7). Dieses Ave-Läuten erinnert an das Geschehen der Verkündigung von der Menschwerdung Gottes an Maria. Angeregt wurde der Angelus vom hl. Franziskus, der bei seiner Missionsreise in den Orient und zum Sultan vom Muezzin beeindruckt war, der fünfmal am Tag vom Minarett aus die Moslems zum Gebet rief.

Bis vor wenigen Jahrzehnten gehörte der Angelus zu den volkstümlichen täglichen Grundgebeten. Früher wurde sogar die Arbeit unterbrochen und der Engel des Herrn gemeinsam oder persönlich gebetet, und abends durfte nach dem Angelus-Läuten kein Kind mehr auf der Straße sein.

Tagesrituale können schon beim Baby eingeführt werden.

Gestaltungsmöglichkeiten

- **Beim morgendlichen Aufwachen** Kreuzzeichen machen
- Morgengebet, z. B. Kurzformel „In Gottes Namen!",
  ein Stoßgebet, ein Dank für den neuen Tag, ein guter Gedanke
- **Mittagspause,** kurzes Innehalten, Entspannen zum neuen Kraftholen
- **Mittagessen,** möglichst gemeinsam in der Familie
- Tischgebet, z. B. vor dem Essen einander die Hände reichen, ein
  kurzes Dankgebet sprechen und sich einen guten Appetit wünschen

> *„Alle guten Gaben, alles was wir haben,*
> *kommt, o Gott, von Dir, wird danken Dir dafür.*
> *Piep, piep, piep,*
> *Wir haben uns alle lieb,*
> *und wünschen uns einen guten Appetit!*

Alle fassen sich im Tischkreis an der Hand und bewegen die
Hände im Sprechtakt.

Oder das altbekannte Tischgebet (Gotteslob Nr. 16):

> *„O Gott, von dem wir alles haben,*
> *wir danken dir für diese Gaben.*
> *Du speisest uns, weil du uns liebst.*
> *O segne auch, was du uns gibst. Amen."*

> *„Komm, Herr Jesus, sei unser Gast*
> *und segne, was du uns bescheret hast. "*

- **Vor dem Einschlafen** zur Ruhe finden, ein Rückblick auf den Tag
  („Tagesschau"), Danken für das Gute, Bitte um Verzeihung für
  Misslungenes, Vorlesen aus einem Buch, Kreuzzeichen machen,
  Gute-Nacht-Kuss und -Gruß

Segensrituale

Segnen gehört in allen Religionen zu den Urgesten des Menschen. Das lateinische Wort für Segnen heißt „benedicere", das bedeutet „Gutes sagen".

Das deutsche Wort „segnen" geht zurück auf lateinisch „Signum", „signare", was bedeutet „Zeichen", „bezeichnen". Im Hebräischen ist das Wort „Segnen" identisch mit „Grüßen". So meinen wir auch mit der Grußformel **„Grüß Gott"**, dass Gott es mit dem Begrüßten gut meinen soll. Dasselbe gilt auch für „Tschüß" und „Adieu", abgeleitet vom lateinischen „ad deum" = „zu Gott befohlen".

Das christliche Segenszeichen ist das **Kreuzzeichen.** Es ist eine Form des Segnens über andere und über sich selbst.

Beim kleinen Kreuzzeichen wird mit dem Daumen ein Kreuz auf Stirn, Lippen und Brust gezeichnet, was bedeuten kann: Erkennen mit dem Verstand, Bekennen mit den Lippen und Bewahren im Herzen.

Das große Kreuzzeichen wird von der Stirn (Verstand) zum Bauch (Vitalität), von der linken Schulter (das Unbewusste) zur rechten Schulter (das Bewusste) geschlagen. Es soll sagen, dass wir mit all unseren Bezügen von der Liebe Christi umfangen sind. Oft wird vor dem Bekreuzigen die Hand in **Weihwasser** getaucht. Dies soll mich an das Taufwasser meiner Taufe erinnern und Gott um seinen Segen bitten, dass ich als Christ leben kann.

Aaron, der Bruder von Moses, wurde von Gott als erster Priester mit dem Dienst des Segnens beauftragt (Buch Numeri 6, 24 – 26), so genannter Aaron-Segen:

> *„Der Herr segne und behüte dich,*
> *der Herr lasse sein Angesicht leuchten über dir und sei dir gnädig,*
> *der Herr wende dir sein Angesicht zu und schenke dir seinen Frieden."*

Segnen kann jeder Getaufte, es ist nicht dem Priester vorbehalten. Mit dem Segen und dem Kreuzzeichen oder der Handauflegung wünschen wir Gutes und erbitten Heil und Segen von Gott. So können

Eltern am Morgen ihr Kind mit dem Kreuzzeichen oder der Handauflegung segnen, wenn es aus dem Haus geht:

„Gott segne und behüte dich!".

Sie erneuern damit den Taufsegen, bei dem sie dem Täufling das Kreuzzeichen gemacht haben, und empfehlen ihr Kind dem Schutz Gottes. Dies kann auch bei Verabschiedungen gebraucht werden, z. B. in den Urlaub, zu einer Prüfung oder vor dem Gang ins Krankenhaus:

„Gott sei mir dir!".

Es kann auch ein Kreuzzeichen mit Weihwasser sein, z. B. beim Gute-Nacht-Wunsch, bei Verabschiedungen auf längere Zeit oder vor einer Operation.

Verabschiedungs- und Begrüßungsritual kann ein Wangenkuss und eine Grußformel sein, wobei trotz „Hallo" und „Tschau" die bayerische Grußformel mit „Grüß Gott" und „Pfüat di Gott!" immer noch die sinnvollste ist.

Ein **Trostritual** für Kinder kann das In-den-Arm-nehmen sein und das Lied:

„Heile, heile Segen,
morgen gibt es Regen,
übermorgen Mäusespeck,
schon ist alles wieder weg."

Bei einer **Versöhnung** sollten zuerst alle Betroffenen unvoreingenommen und ohne Dazwischenreden angehört werden. Die Bereitschaft zum Verzeihen und zur Versöhnung soll auch in äußeren Zeichen zum Ausdruck kommen: Die ausgestreckte Hand zur Entschuldigung, der Händedruck zum Friedensschluss, eine Umarmung, ein Kuss, eine handgeschriebene Zeile für einen gemeinsamen Neubeginn.

Geburt

Schwangerschaft und Geburt sind große Ereignisse im Leben als Mutter und Vater. Unvorstellbar: Ein neues Leben, das kleine Geschöpf ist da, sichtbar, greifbar, fühlbar, riechbar - ein Wunder, ein Geschenk Gottes! Das Wunder des Geborenwerdens und auch des Sterbens lässt sich trotz moderner Wissenschaften, Technik und Medizin auch heute nicht wirklich erklären, geschweige denn „in den Griff" bekommen (Erni Kutter).

Gestaltungsmöglichkeiten

• Um Danke zu sagen und um Schutz für das Neugeborene zu bitten, wäre es ein sinnvolles Ritual, wenn Sie Ihr Baby am Tag der Geburt oder kurz danach im Kreise Ihrer Familie begrüßen und mit einem Kreuzeichen auf die Stirn und in die Hände mit Weihwasser segnen würden:

> *„Guter Gott, danke für unsere Eva!*
> *Liebe Eva, mit Gottes Hilfe wollen wir dich auf Deinem Lebensweg,*
> *so gut wie wir können, begleiten und unterstützen.*
> *Gott segne und beschütze Dich und uns!"*

• Einige Väter pflanzen bei der Geburt ihres ersten Kindes einen **Baum** und wünschen damit dem Kind eine gute, glückliche Entwicklung, lebendiges Wachstum und Fruchtbarkeit.

• Das wichtigste, was das Kind zum Gedeihen braucht, sind **Liebe und Zuwendung, Geborgenheit und Sicherheit,** auch durch Liebkosen, körperliche Nähe und Wärme, durch Kuscheln und Schmusen. Merkhilfe sind die drei Z: Zuwendung - Zeit - Zärtlichkeit! Wer als Kind Liebe und Zärtlichkeit, Geborgenheit und Angenommensein erfahren hat, kann als Erwachsener anderen Menschen Liebe schenken, kann ein Urvertrauen gegenüber sich, gegenüber anderen und gegenüber Gott aufbauen.

• Die Freude um den Nachwuchs sollte man auch mit seinen Verwandten, Nachbarn, Kollegen und Freunden teilen und sie durch eine persönlich gestaltete Karte evtl. mit Foto des Babys und Geburtsdaten oder einer Zeitungsanzeige kundtun.

Die ersten Tage nach der Geburt gehören eigentlich der Wöchnerin zu ihrer Erholung und der jungen Mutter mit ihrem Kind.

Doch bald rücken dann die Verwandten, Nachbarn und Bekannten an und wollen das Baby sehen und den Eltern gratulieren. Diesen Brauch nennt man **„weisen"** (althochdeutsch „wisan" = „besuchen"). Um die junge Mutter zu schonen, brachten sie früher etwas zum Essen mit, wie Kaffee und Kuchen, heute sind es meist Kleinkinderwäsche und Babyspielzeug.

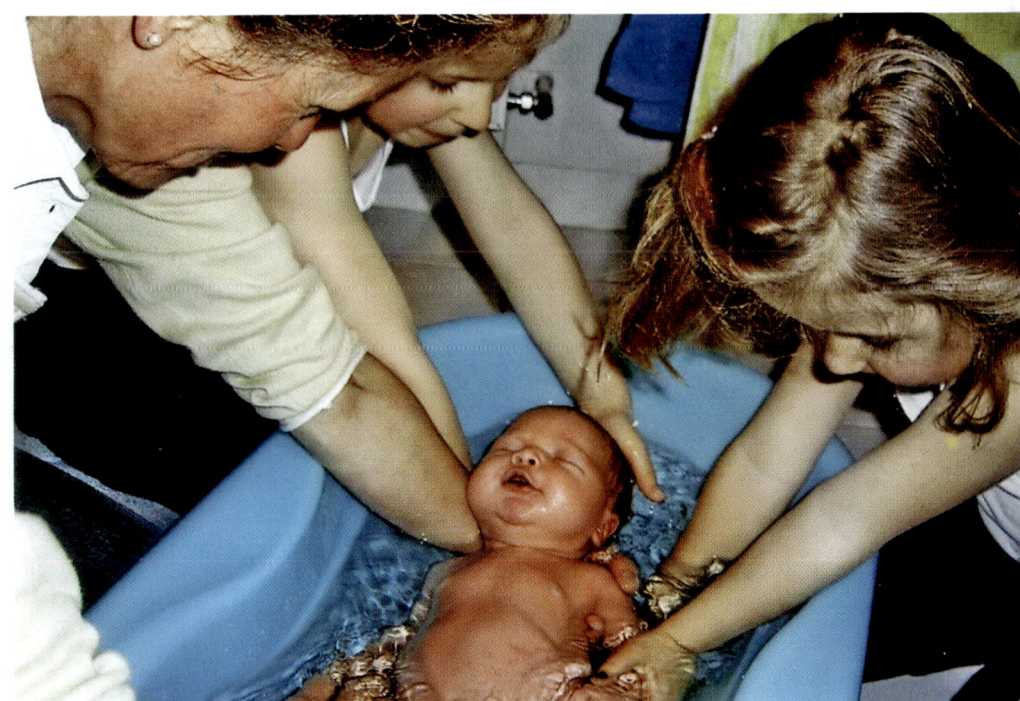

Das Neugeborene wird von der Hebamme und seinen Geschwistern gebadet.

Geburtstag

Der Geburtstag als Ehrentag der Person, deren Geburt sich jährt, wurde früher nur in evangelischen Gegenden gefeiert. In katholischen Gebieten war lange die Namenstagsfeier populär. Heutzutage ist allgemein die Geburtstagsfeier die gewichtigere, besonders bei runden Geburtstagen.

Aberglauben früherer Zeiten war es, dass die bösen Geister Unheil anzetteln, wenn das Geburtstagskind ungeschützt zwischen den Jahren steht, deshalb scharen sich Verwandte und Bekannte zum Schutz um den Jubilar und **gratulieren** ihm und wünschen ihm alles Gute. Man soll auch nicht vorher gratulieren, da die bösen Mächte ansonsten versuchen, die guten Wünsche zu verhindern. Ein dreimaliges Klopfen auf Holz vertreibt die Geister. **Geschenke** aus Glas zerschneiden die Freundschaft, solche mit einer Nadel zerstechen sie.

Neben den Glückwünschen und Geschenken ist die **Geburtstagstorte** üblich, mit so vielen Kerzen, wie Jahre gezählt werden. Diese sollen auch mit einem Atemzug vom Geburtstagskind ausgeblasen werden, dann soll ein geheimer Wunsch in Erfüllung gehen. Bei runden Geburtstagen wird meist die Zahl der Lebensjahre auf die Torte geschrieben. Mittelpunkt des Geburtstagstisches könnte die Taufkerze als Symbol dafür sein, dass Christus für uns Licht auf unserem Lebensweg ist und auch wir Licht sein sollen für andere.

In einigen Familien und Kindergärten ist es üblich, dem Geburtstagskind eine selbst gebastelte Geburtstagskrone aus Goldpapier und Glasperlen aufzusetzen. Dazu wird dann gesungen „Wie schön, dass du geboren bist!". Das Geburtstagskind hat auch einen persönlichen Wunsch frei und wählt z. B. sein Lieblingsspiel oder sein Lieblingsessen aus.

Die zweijährige Eva bläst die Kerzen auf ihrem Geburtstagskuchen aus.

Taufe

Mit der Taufe wird der Mensch zum Kind Gottes und in die christliche Gemeinschaft aufgenommen. Sie zählt neben Eucharistie und Firmung zu den Einführungssakramenten, den Initiationsritualen.

Christus hat seiner Kirche den Auftrag gegeben: „Macht alle Menschen zu meinen Jüngern, indem ihr sie tauft auf den Namen des Vaters und des Sohnes und des Heiligen Geistes" (Mt 28, 19).

Das Wort „**taufen**" bedeutet im Hebräischen „waschen" oder „reinigen" und im Althochdeutschen (gotisch „daupjan") „eintauchen".

Das Eintauchen in Wasser - heutzutage das Übergießen des Kopfes mit Wasser - versinnbildlicht beim Untertauchen den Tod und die Reinigung, und beim Auftauchen dann die Wiedergeburt und die Erneuerung. Das Sakrament der Taufe ist Ausdruck und sichtbares Feiern einer Gottesbegegnung, bei der der Getaufte wiedergeboren wird für ein neues Leben im Heiligen Geist und in der Gemeinschaft mit Jesus Christus.

Kindertaufe

Die prägendste Phase der Glaubenserziehung sind die ersten Kindesjahre, deshalb ist seit dem Konzil in Mainz im Jahre 813 die **Kindertaufe** üblich. Bei der Säuglingstaufe nehmen die Eltern dankbar ihr Kind als Geschenk Gottes an und stellen es von Anfang an unter den Schutz und den Segen Gottes.

Tauftermin

Da früher die Säuglingssterblichkeit sehr hoch war und im Volksglauben ein ungetauftes Kind nicht in den Himmel kommen konnte, wurde das Neugeborene unmittelbar nach der Geburt in der Kirche getauft, getragen vom Taufpaten. Später war es am zweiten oder dritten Tag üblich zu taufen. Heute sucht sich die Familie einen geeigneten Tauftermin. Die Kirche bietet seit dem II. Vatikanischen Konzil oft Gemeinschaftstaufen an, um zu zeigen, dass die Taufe keine Privatsache, sondern eine Feier der Gemeinde ist zur

Eingliederung des Kindes in die Gemeinschaft der Kirche. Da theologisch gesehen der Mensch in der Taufe mit Christus stirbt und begraben wird (Untertauchen im Wasser) und dann aber mit ihm aufersteht (Auftauchen) zu einem neuen Leben, ist die Osternacht der eigentliche ursprüngliche Tauftermin.

Taufgespräch

Nach Anmeldung der Taufe beim Pfarramt mit Geburtsbescheinigung und Stammbuch und nach Vereinbarung des Tauftermins lädt der Pfarrer die Eltern und wenn möglich, auch die Paten zu einem Taufgespräch ein, das in der Regel zuhause in der Familie stattfindet. Hierbei geht es um die Bedeutung der Taufe und der Taufsymbole, um die Aufgaben der Eltern und Paten und um die persönliche Gestaltung der Tauffeier.

Taufpate

Die wichtigste Person ist nach wie vor die Taufpatin bzw. der Taufpate, „s`Dodla" oder „dr Dod". Das Amt des Paten gibt es bereits in der frühchristlichen Zeit. Wenn die Eltern eines Kindes in den Christenverfolgungen als Märtyrer hingerichtet wurden, übernahm der Pate die Erziehung der verwaisten Kinder. Das Wort „Pate" kommt vom lateinischen „Pater" und könnte als „geistlicher Vater" oder „geistliche Mutter" übersetzt werden. Er soll als Lebensbegleiter den Täufling stärken und unterstützen, insbesondere im Glauben und wenn er Hilfe braucht, nach Möglichkeit über 16 Jahre alt, katholisch getauft und gefirmt sein, eine Vertrauensperson sein, zu der die Familie eine gute Beziehung hat und in der Nähe des Kindes wohnen. Ein evangelischer Christ kann zusammen mit einem katholischen Paten „Taufzeuge" sein.

Als Taufpate ist es Brauch, dass er zu jedem Geburtstag und Namenstag und zu den Festen des Jahres, besonders zu Weihnachten bis zur Hochzeit seinem Patenkind etwas schenkt. Früher bekam das Patenkind an Ostern vom Paten Ostereier und an Allerseelen den Allerseelenzopf. Die wertvollsten Patengeschenke sind heutzutage

Zeit und Zuwendung, Kontakt halten und Gespräche über „Gott und die Welt" mit dem Getauften. Bei der Erstkommunion und der Hochzeit hat der Pate dafür einen Ehrenplatz an der Festtafel.

Als Zeichen seiner Schutzfunktion kann der Pate bei der Taufe das Kind tragen oder, wenn es die Mutter oder der Vater hält, die rechte Hand auf die Schulter des Kindes legen. Wie die Eltern zeichnet er auch das Kreuz auf die Stirn des Täuflings. Er könnte bei der Tauffeier auch das Kind in die Kirche tragen und eine Lesung oder eine Fürbitte übernehmen oder ein eigenes Patengebet sprechen.

Vornamen

Die **Namenssuche** war früher etwas leichter, da das Kind in der Regel den Vornamen der Vorfahren oder des Taufpaten bekam. Heutzutage werden oft fremdländische Modenamen von Stars gewählt und auf die sprachliche Passung zum Familiennamen geschaut. Den Eltern sollte bewusst sein, dass das Kind sein Leben lang mit diesem Namen gerufen wird und dass der Name ein wichtiges Identifikationsmerkmal einer Persönlichkeit ist. In der Regel verweisen die Vornamen auf Heilige, die Schutzpatron, Fürsprecher und Vorbild für das Kind sein können. Bei der Bedeutung des Namens kann eine Heiligenlegende behilflich sein. Unter der Internetadresse *www.heilige.de* findet man Bedeutung und Geschichte des Namens und eine Namenstagsurkunde, unter *www.namenspatrone.de* gibt es für jeden Namen Patronatsbildchen.

Taufkerze

Die Taufkerze ist ein Symbolzeichen für den auferstandenen Jesus, das Licht der Welt (Joh 8, 12). Sie wird in der Tauffeier vom Vater des Täuflings an der Osterkerze angezündet, so wird das Licht Christi weitergegeben. Das Kind selbst soll zum Licht für andere werden: „Ihr seid das Licht der Welt." (Matth 5, 14). Künftig soll die Taufkerze das ganze Leben des Kindes erhellen und deshalb zuhause bei besonderen Festen des Kindes brennen, beim Geburtstag und Namenstag, bei der Erstkommunion, der Trauung und dem Begräbnis.

Die Taufkerze ist mit christlichen Symbolen verziert, wie z. B. Kreuz, Hl. Geist-Taube, Wasserwellen, Alpha und Omega, Fisch, geöffnete Hand, Baum, Regenbogen u. a., mit einem Taufspruch oder Bibelzitat und mit dem Vornamen des Kindes und dem Taufdatum. Persönlicher und ausdrucksvoller als eine gekaufte ist eine mit Plattenwachs selbstgestaltete Kerze. Der Ständer der Taufkerze kann mit einem Kränzchen aus Buchsbaum, Rosmarin, Myrthen oder Efeu verziert werden.

Das weiße Taufkleid wird dem Täufling angezogen.

Taufkleid

Bei der Taufe wird dem Getauften ein weißes Kleid aufgelegt und nach Möglichkeit angezogen als Zeichen dafür, dass er Christus angezogen hat und nun ein Freund Jesu ist. Es versinnbildlicht den Beginn eines neuen Lebens. Die weiße Farbe steht für Reinheit, Erneuerung und Auferstehung. Früher zogen die Erwachsenen bei der Taufe in der Osternacht ihre Kleider aus, stiegen ins Wasser, kamen neugeboren heraus und bekamen weiße Kleider an als Zeichen für das neue Leben als Christ. Diese trugen sie bis zum „Weißen Sonntag". In manchen Familien ist es Brauch, das selbst genähte Taufkleid weiter zu vererben und in den Saum Name und Taufdatum des jeweiligen Kindes zu sticken.

Taufspruch

Ein sinnvoller Brauch ist es, wenn Eltern für ihr Kind zur Taufe einen Taufspruch als Leitspruch auswählen. Dieser kann für die Gestaltung der Tauffeier bei der Auswahl der Lesungen, Fürbitten und Gebete hilfreich sein. Er kann auch auf der Rückseite der Taufkerze angebracht werden und so das künftige Leben des Kindes begleiten. Einige Beispiele:

Ich habe dich beim Namen gerufen, du gehörst mir. (Jes 43,1)
Sieh her: Ich habe dich eingezeichnet in meine Hände. (Jes 49,16)
Ich bin der Weg und die Wahrheit und das Leben. (Joh 14,6)
Wer glaubt und sich taufen lässt, wird gerettet. (Mk 16,16)

Ablauf der Tauffeier

Die übliche Tauffeier gliedert sich in vier Teile (Siehe Gotteslob Nr. 45 – 48):

1. Eröffnung: Eltern, Geschwister und Paten werden vom Priester mit den Ministranten am Kircheneingang abgeholt und ziehen in die Kirche ein. Geschwister oder Kinder tragen dabei die Taufkerze und das weiße Taufkleid. Nach der *Begrüßung* durch den Zelebranten und dem *Kreuzzeichen* erklären die Eltern, dass sie die *Taufe erbitten* und nennen den *gewählten Namen* für das Kind. Eltern und Paten bekunden ihre *Bereitschaft zur christlichen Erziehung.*

2. Wortgottesdienst: Zelebrant, Eltern, Paten und Geschwister zeichnen das *Kreuzzeichen* auf die Stirn des Kindes. Dies soll ein Zeichen sein, dass das Kind Gott anvertraut wird und dass Eltern und Paten das Kind in die Liebe Gottes und in die Gemeinschaft des Glaubens einführen wollen.
Als *Lesungen* werden oft gewählt: Jes 49, 15 – 16; Koh 3, 1 – 4; Ez 36, 24 – 28; Mt 28, 18 – 20; Mk 1, 9 – 11; Mk 10, 13 – 16; Röm 6, 3 – 5; 1 Kor 12, 12 – 13; Gal 3,26 – 28; Eph 4, 1 – 6; 1 Petr 2, 4 – 5; Offb 21, 1 – 6.
Nach der Ansprache des Priesters wird die *Gemeinschaft der Heiligen,* insbesondere die Namenspatrone des Täuflings, der Angehörigen, der Kinder und die Patrone der Kirche und der Diözese angerufen, weil die Taufe als Eingliederung in die Kirche, in die Gemeinschaft der Heiligen verstanden wird. Die *Fürbitten* können Paten, Angehörige oder Bekannte vortragen. Der Priester kann noch ein *Exorzismusgebet* zum Schutz vor dem Bösen sprechen und den Täufling mit *Katechumenenöl* salben und durch die Handauflegung den Schutz Gottes zeichenhaft zum Ausdruck bringen.

3. Spendung der Taufe: Eltern, Paten und Geschwister begeben sich zum Taufbrunnen oder Tauftisch. Der Priester spricht ein *Weihegebet über das Taufwasser*. Die Eltern und Paten *bezeugen ihren Glauben* durch ihre Absage an das Böse und durch ihr persönliches Bekenntnis zum Glauben. Die mitfeiernde Gemeinde bekräftigt dies durch das gemeinsame Beten des Glaubensbekenntnisses oder durch ein Glaubenslied. Aus diesem Glauben heraus wird nun das Kind getauft. Mutter oder Vater halten das Kind über das Taufbecken und der Priester gießt dreimal Wasser über den Kopf des Kindes und sagt dabei:

„N a m e , ich taufe dich im Namen des Vaters und des Sohnes und des Heiligen Geistes. Amen".

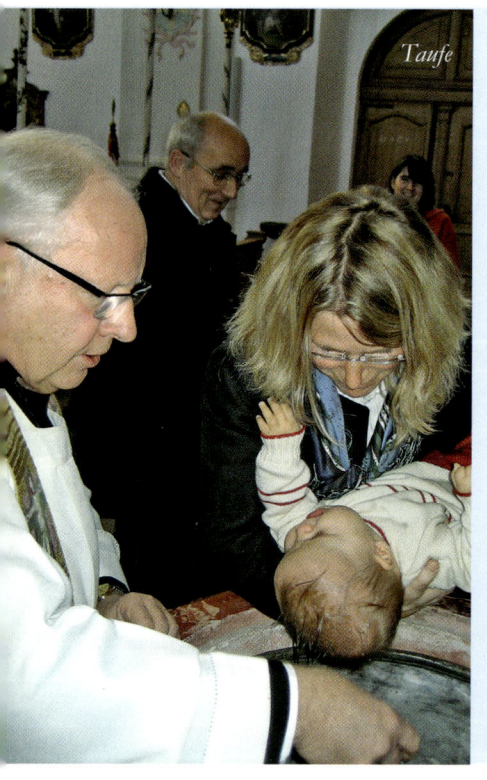

Taufe

Zentrales Symbol der Taufe ist das **Wasser,** ein Zeichen für Leben, Reinigung und Erneuerung. Als lebensschaffende Kraft und als wichtigstes Lebenselement ist es Symbol des neuen Lebens, mit dem die Gemeinschaft mit Christus und seiner Kirche bei der Taufe beginnt. Jesus bezeichnet sich am Jakobsbrunnen (Joh 4, 1-26) selbst als das „lebendige Wasser".

Dann salbt der Priester den Kopf des Neugetauften mit **Chrisam-Öl.** Dies ist eine Mischung von Olivenöl und Balsam und wird am Gründonnerstag vom Diözesanbischof geweiht. Mit ihm wurden früher Könige, Propheten und Priester gesalbt. Eine Salbung bringt die Würde der Person zum Ausdruck.

Sie symbolisiert, dass der Getaufte an der priesterlichen und königlichen Würde von Christus Anteil hat. „*Christos*" heißt auf griechisch „Gesalbter". In der Salbung mit Chrisam wird die Aufnahme in das Volk Gottes besiegelt.

Dem Neugetauften wird nun *ein weißes Taufkleid* überreicht und nach Möglichkeit angezogen, als Zeichen dafür, dass er Christus angezogen hat und nun ein Freund Jesu ist. Im Brief an die Galater schreibt Paulus: „Denn ihr alle, die ihr auf Christus getauft seid, habt Christus (als Gewand) angelegt" (Gal 3, 27).

Der Vater oder der Pate entzündet die *Taufkerze* an der Osterkerze, dem Symbol des auferstandenen Christus und bringt die brennende Kerze zum Kind. Die Eltern sind die ersten, die das Licht Christi an ihr Kind weitergeben.

Wenn die anwesenden Kinder ihre Taufkerzen mitgebracht haben, können diese auch an der Osterkerze angezündet werden und auf den Altar gestellt werden, eventuell auch mit der Hochzeitskerze der Eltern.

Mit dem Ruf „*Effata*", d.h. „Öffne dich!", berührt der Priester Ohren und Mund des Täufling, damit sie das Wort Gottes vernehmen und den Glauben bekennen können.

4. Abschluss der Tauffeier: Nach dem *Vaterunser* erteilt der Priester den *Segen*. Ein *Schlusslied* bringt Dank und Osterfreude zum Ausdruck. In einigen Pfarrgemeinden ist es guter Brauch, während der Taufhandlung mit der kleinen Kirchenglocke zu läuten und damit symbolhaft das neu in die Gemeinschaft aufgenommene Mitglied zu begrüßen.

Taufschmaus

Nach der kirchlichen Tauffeier treffen sich Eltern, Paten und Gäste zu einem Familienfest. Dieses soll von Freude und Dankbarkeit, Gemeinschaft und Geselligkeit geprägt sein. Mittelpunkt ist der schön gedeckte Tisch mit der brennenden Taufkerze.

Mögliche Taufgeschenke

- ein Hinterglasbild des Namenspatrons
- ein Kreuz
- ein Schutzengelbild
- ein Weihwasserbecken fürs Kinderzimmer
- ein Weihwasserkrug
- ein Erinnerungsalbum
- ein Tauftaler
- ein Kettchen mit Kreuz oder Schutzengel
- ein Buch mit der Lebensgeschichte des Namenspatrons
- ein Kindergebetbuch
- ein christliches Hausbuch über Feste und Bräuche im Jahr und im Leben.

Erwachsenentaufe

In unserer Zeit kommt der Erwachsenentaufe zunehmende Bedeutung zu, da viele Menschen erst als Erwachsene der Frohbotschaft Christi und der Gemeinschaft der Kirche begegnen. Nach alter kirchlicher Tradition gehen Erwachsene als Vorbereitung den Weg des Katechumenates bis zu ihrer Taufe. Der Katechumenat soll in den Reichtum des Glaubens und die wesentlichen Grundlagen eines christlichen Lebens einführen. Der Höhepunkt der Eingliederung in die Gemeinschaft der Kirche und in das neue Leben in Christus ist die Feier des Christwerdens mit Taufe, Firmung und Eucharistie, bevorzugter Weise in der Osternacht.

Nottaufe

Bei unmittelbarer Lebensgefahr kann die Nottaufe von jedem Erwachsenen, auch von einem Ungetauften vollzogen werden, wenn ein Pfarrer nicht erreichbar ist.

Die Taufe wird durch dreimaliges Begießen mit Wasser - es muss kein Weihwasser sein - und den Worten „NN, ich taufe dich im Namen des Vaters und des Sohnes und des Heiligen Geistes" vollzogen.

Weihwasser

Geweihtes Wasser ist ein Zeichen göttlichen Lebens. Jedes Mal, wenn wir uns bekreuzigen und dabei ein Weihwasser nehmen, z.B. beim Betreten und Verlassen der Kirche, werden wir an das Taufwasser und die Taufe erinnert, durch die wir in die Gemeinschaft der Kirche aufgenommen wurden. Auch beim Besprengen mit Weihwasser, z.B. beim „Asperges me" zu Beginn des Gottesdienstes oder bei Segnungen, werden die versammelten Gläubigen an die Taufe und an die damit verbundene Erlösung erinnert. Wenn Vater oder Mutter ihrem Kind mit Weihwasser ein Kreuz auf die Stirn zeichnen, so vor dem Einschlafen, ist dies ein Zeichen göttlichen Lebens, das das Kind unter den Segen und Schutz Gottes stellt.

Namenstag

Als Gedenktag des Namenspatrons feiern wir den jährlichen Namenstag. In katholischen Ländern wurde früher nur der Namenstag gefeiert, der Geburtstag hatte dagegen eine untergeordnete Rolle. Als Erinnerung an die Taufe, bei der wir unseren Namen bekommen haben, sollte bei der Namenstagsfeier die Taufkerze angezündet werden.

1. Schultag

Im Leben eines Kindes ist der erste Schultag ein besonders wichtiger Tag. Dazu gehört in Deutschland natürlich die **Schultüte**, auch Zuckertüte genannt. Sie soll den Ernst des Lebens versüßen. Früher wurde sie von den Paten geschenkt, heute von den Eltern. Die ersten Zuckertüten lassen sich in Thüringen und Sachsen Anfang des 19. Jahrhunderts nur bei Kindern wohlhabender Eltern nachweisen. 1910 soll Carl August Nestler in Wiesa in Sachsen erste Schultüten fabrikmäßig hergestellt haben. Erst in den 50er Jahren war der Brauch der Schultüte überall in Deutschland bekannt. Heutzutage werden die Schultüten zumeist im Kindergarten oder mit den Eltern selbst gebastelt.

In die Tüte gehören in der Regel kleinere Geschenke, wie z.B. Kartenspiel, weniger Süßigkeiten, dafür Obst, Studentenfutter, Kaugummi, Fruchtschnitten, Schulutensilien, wie Stifte, Malzeug, Spitzer, Knetgummi, Brotzeitdose, Getränkeflasche, Wecker, Schlüsselanhänger, Glücksbringer, Geldbörse.

Traditionell wird vom Schulanfänger mit Schulranzen und Schultüte auch ein Foto gemacht.
In einigen Pfarreien wird zu einem Gottesdienst mit einer Segnung der Schulanfänger eingeladen.

Erster Schultag mit Schultüte und Schulranzen

Erstkommunion

In der Feier der Erstkommunion empfängt der Gläubige zum ersten Mal Jesus Christus im Zeichen von Brot und Wein. Das Wort Kommunion kommt von dem lateinischen „communio" und bedeutet Gemeinschaft; so ist die Erstkommunion das Fest der Mahlgemeinschaft mit Jesus Christus und das Fest der Eucharistie. Wie Jesus das Abendmahl mit seinen Freunden als Abschiedsgeschenk gefeiert hat, feiert das Kommunionkind seine Freundschaft mit Jesus und mit allen, die zu dieser christlichen Gemeinschaft gehören.

Der älteste Bericht über dieses Vermächtnis Jesu ist um das Jahr 54 n. Chr. vom Apostel Paulus geschrieben und steht im 1. Brief an die Gemeinde in Korinth:

„Ich habe vom Herrn empfangen, was ich euch dann überliefert habe: Jesus, der Herr, nahm in der Nacht, in der er ausgeliefert wurde, Brot, sprach das Dankgebet, brach das Brot und sagte: Das ist mein Leib für euch. Tut dies zu meinem Gedächtnis! Ebenso nahm er nach dem Mahl den Kelch und sprach: Dieser Kelch ist der Neue Bund in meinem Blut. Tut dies, sooft ihr daraus trinkt, zu meinem Gedächtnis!"
(1 Kor 11, 23-25).

Seit dem 12. Jahrhundert wird in der Regel nur noch das heilige Brot, die Hostie ausgeteilt. Man hatte Sorge, dass der Wein verunreinigt oder verschüttet werden könnte. In frühchristlicher Zeit reichten die Gläubigen Brot und Wein untereinander weiter, später teilte ein Priester die Hostien aus. Bis zum 9. Jahrhundert wurde den Christen die Hostie in die Hand gelegt und erst später setzte sich der Brauch durch, sie direkt in den Mund zu geben. Mittlerweile sind beide **Formen des Kommunionempfangs** möglich.

Die Erstkommunion gehört zusammen mit der Taufe und der Firmung zu den Initiationsriten.

Die Kommunionkinder sind in verschiedenen Ländern im Alter zwischen 6 und 12 Jahren, in Deutschland in der Regel in der 3. Schulklasse. Zur Teilnahme an der Erstkommunion wird das Kind von den Eltern im Pfarrbüro angemeldet; dazu wird eine Taufbescheinigung und das Familienstammbuch gebraucht.

Voraussetzungen für den Empfang des Sakramentes der Eucharistie sind die Taufe und das Vermögen, normales Brot von eucharistischem Brot unterscheiden zu können - das Kirchenrecht spricht vom „Vernunftgebrauch" - und die Teilnahme an der **Sakramentenvorbereitung.**

Die Erstkommunion wird vorbereitet durch eine theoretische und praktische Einführung in den christlichen Glauben und durch den **Empfang des Bußsakramentes.** Bei der Hinführung der Kinder zum ersten Empfang der hl. Kommunion wirken Familie, Pfarrgemeinde und Schule zusammen. Eltern, Religionslehrer, Seelsorger, Gemeindereferenten und Männer und Frauen aus der Pfarrei helfen den Kindern, in die Feier der hl. Messe hineinzuwachsen und bereiten sie auf den ersten Empfang des Leibes und Blutes Christi vor.

In den meisten Pfarrgemeinden werden die Kinder für etwa ein halbes Jahr in kleinen Gruppen zusammengefasst, die von Eltern der Erstkommunionkindern oder von Frauen und Männer („Tischmütter" bzw. „Tischväter") aus der Pfarrgemeinde begleitet und gestaltet werden. Die Gruppenleiter werden auf ihren Dienst in der Pfarrei vorbereitet und während ihrer Tätigkeit von Seelsorgern oder einer Gemeindereferentin begleitet. In diesen Gruppen erfahren die Kinder den christlichen Glauben und die christliche Gemeinschaft durch Gespräche, gemeinsames Tun, Singen und Beten, durch Spiel und Feier und durch Teilnahme an kindgemäß gestalteten Gemeindegottesdiensten.

Die **Familienkatechese** ist der wesentliche Kern der Vorbereitung auf die Erstkommunion *(www.familienkatechese.de)*. Elternabende informieren die Eltern über die Vorbereitung ihrer Kinder und geben

Hilfestellung für den eigenen Glauben und für das religiöse Gespräch mit dem Kind. Im Alltag der Familie gibt es viele Situationen, in denen Eltern wichtige Grundhaltungen und Grunderfahrungen des Glaubens einüben können.

Christliche Grundhaltungen und Handlungen

- Dankbar sein, z. B. für gemeinsam Erlebtes, für Leben, Natur und Schöpfung
- einander zuhören
- anderen Gutes tun
- verzichten zugunsten anderer
- mit anderen teilen
- Streit schlichten
- sich versöhnen
- gastfreundlich sein
- die häusliche Tischgemeinschaft pflegen
- das Kreuzzeichen machen
- die häusliche Osterkerze zum gemeinsamen Tischgebet vor dem Essen entzünden
- das Brot vor dem Anschneiden in der Familie mit dem Kreuzzeichen segnen
- vor dem Einschlafen sich besinnen und beten

Im Religionsunterricht erfahren die Kinder den biblischen Hintergrund zu diesem Sakrament, das nötige religiöse Wissen über die einzelnen Teile der hl. Messe und über die Bedeutung der gottesdienstlichen Zeichen und Symbole.

Logo zur Erstkommunion „Ich bin der Weinstock, ihr seid die Reben"

Da die Erstkommunion ein wichtiges Fest für das Kind ist, sollte auch das Kind mitgestalten können, damit es ein **Fest des Kindes** wird.

Die Eltern überlegen mit dem Kind, welche **Gäste** es zu dem Fest einladen möchte, z. B. Taufpate, Großeltern, nahe Verwandte und Freunde. Vielleicht kann auch das Lieblingsessen mit dem Kind besprochen werden.

Die **Einladungskarten** kann das Kommunionkind mit Hilfestellung der Eltern selbst schreiben und gestalten, z. B. mit religiösen Symbolen, die an Jesus erinnern (Kreuz, Kelch, Fisch, Lamm), Zeichen aus der Natur (Sonne, Baum, Herz, Blumen), einem selbstgeschossenen Foto aus der Kirche. Möglich wäre auch eine direkte persönliche Einladung durch das Kind. Die Gäste sollten von dem Kommunionkind auch persönlich begrüßt und verabschiedet werden.

Erstkommunionkind im einheitlichen weißen liturgischen Gewand

Papst Pius X. legte 1910 den Tag der Erstkommunion auf den ersten Sonntag nach Ostern fest. Dieser **Weiße Sonntag** hat seinen Namen aus der frühchristlichen Zeit. Die Täuflinge, die nach der Taufe in der Osternacht das weiße Taufkleid als Zeichen des neuen Lebens angezogen bekamen, legten dieses erst acht Tage später (Oktav) an diesem Sonntag wieder ab. Heutzutage wird in vielen Pfarrgemeinden ein späterer Termin auch aus Witterungsgründen gewählt.

Bei der Wahl der **Kleidung für das Kommunionkind** wird man sich an die Gepflogenheiten in der Pfarrgemeinde halten. Die Bekleidung soll ein Symbol für den feierlichen Charakter der Erstkommunion sein und ein Zeichen dafür, dass es ein Fest ist, zum Gastmahl Gottes geladen zu sein. Die Buben können im dunklen Anzug mit

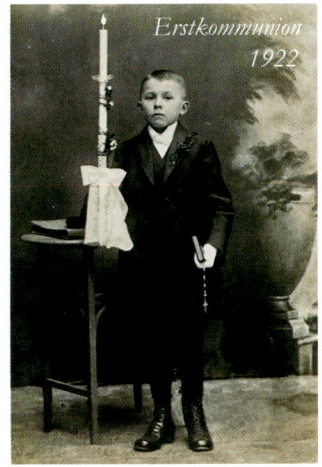

Erstkommunion 1922

hellem Hemd und der ersten Krawatte gehen, die Mädchen im weißen Kommunionkleid oder im Dirndl der heimischen Tracht. Um Prunkgehabe und äußerliche Selbstdarstellung in Grenzen zu halten und um zu zeigen, dass für die Freundschaft mit Jesus innere christliche Werte, nicht Äußerlichkeiten wichtig sind und dass vor Gott jeder gleich Mensch wertvoll ist, ob er arm oder reich ist, werden vielerorts für Buben und Mädchen einheitliche, weiße, so genannte liturgische Gewänder der Pfarrei angeboten. Man versucht so zu verhindern, dass der eigentliche Sinn des Festes in den Hintergrund gedrängt wird. Die Mädchen tragen dazu ein Kränzchen aus Schleierkraut mit Röschen oder aus Margeriten oder weißen Kunstblumen. Die **Farbe Weiß** der Kleider und Kerzen signalisiert die Zugehörigkeit zu Gott und versinnbildlicht die Unschuld und Reinheit Christi und derer, die mit ihm in der Kommunion eins werden.

Erstkommunion um 1920

Die **Kommunionkerze** ist wie jedes Licht unserer christlichen Feiern ein Zeichen für die Nähe Gottes und für Jesus, der sich selbst das Licht der Welt nennt. Die Kommunionkerze kann von den Eltern oder dem Kommunionkind mit farbigen Wachsplatten, Verzierwachs oder Wachsfarben und einem scharfen Messer, einer Schneideunterlage und einem weichen Tuch zum Andrücken in einfacher Weise selbst gestaltet werden. Dazu werden neben dem Namen des Kindes und dem Datum der Erstkommunion religiöse Symbole verwendet: Das Kreuz erinnert an Jesu Tod und unsere Erlösung und ist ein Zeichen der Hoffnung für Neuanfänge im Leben. Ein Kelch oder eine Hostienschale erinnern an das Abendmahl Jesu als christliches Zeichen für das Mahlhalten und Brotbrechen. Weintrauben, Ähren oder Brot versinnbildlichen

Kraft- und Lebensquellen, die wir als Christen in der Gemeinschaft für andere werden können. Ein Buch steht für die Heilige Schrift als Frohbotschaft vom Wirken Gottes. Eine Taube oder ein Regenbogen erinnern an den Hl. Geist und den Bund Gottes mit den Menschen.

Mögliche Erstkommunion-Geschenke
- ein „Gotteslob"
- ein Kreuz
- eine Kinderbibel
- ein Weihwasserkesselchen
- ein künstlerisch wertvolles Bild
- ein Buch
- eine schöne Schale oder ein Trinkbecher
- ein persönlich gestaltetes Fotoalbum
- ein Erinnerungsalbum
- eine Freundebuch oder Poesiealbum
- ein Fußball
- ein Spielzeug
- eine Spiele-Sammlung
- eine Kinderuhr
- ein Gutschein für den Zoo

Bei der Erstkommunionfeier wird die Hl. Messe kindgemäß mit den Kindern gestaltet. Nach der Eucharistiefeier feiert die Festgemeinschaft beim **gemeinsamen Mittagessen,** wobei zu Beginn das Erstkommunionkind ein Tischgebet sprechen kann oder alle gemeinsam beten oder singen, z. B. „Lasset uns gemeinsam" oder „Lobet und preiset ihr Völker den Herrn". Die Kommunionkerze steht als Zeichen der Nähe Gottes mit Blumen, Kerzen und selbstgeschriebenen Tischkärtchen mitten auf dem festlich geschmückten Tisch.

Zur Erinnerung kann sich jeder Gast mit seinen guten Wünschen in ein Gästebuch oder ein **Erinnerungsalbum** eintragen. Als Symbol des eigenen Wachsens im Glauben kann auch ein winterhartes Gewächs oder ein Bäumchen gemeinsam gepflanzt werden. Wichtig ist, dass sich Eltern und Gäste an diesem Festtag auf die Ideen und Wünsche des Kommunionkindes einlassen und mitspielen oder gemeinsam etwas gestalten oder singen oder einen Spaziergang machen.

Nach Kaffee und Kuchen versammelt sich die Festgemeinschaft als Schlusspunkt noch einmal in der Kirche zu einer **Dankandacht,** wobei mit einer Geldspende an Kinder in Not gedacht wird.
In vielen schwäbischen Pfarreien ist es üblich am Montag nach der Erstkommunion mit Seelsorger, Religionslehrer und Gruppenleitern einen Ausflug in eine Wallfahrtskirche oder ein Kloster zu machen und dort in einem religiösen Besinnungstag die „Zweitkommunion" zu feiern.

Eine **Dankkarte,** zumeist mit einem Bild des Kommunionkindes, versendet das Kind an alle Festgäste und an die, die Geschenke gegeben haben.
Ein Teil der Erstkommunionkinder nimmt später noch im Festgewand an der Fronleichnamsprozession teil.

In den meisten Pfarrgemeinden werden die Kommunionkinder eingeladen, nach der Erstkommunion Ministrant bzw. Messdiener zu werden. *(www.erstkommunion.de; www.katholisch.de)*

Firmung

Die Firmung ist ein Initiationsritual, ein Einführungs- bzw. **Einglie-derungssakrament** der katholischen Kirche. Sie ist das Sakrament, das in besonderer Weise den **Heiligen Geist** als Gabe Gottes verleiht, der den Firmling bestärkt, ein Leben aus dem Glauben zu führen und den Glauben als Zeuge Christi in Wort und Tat zu verbreiten. Die Jugendlichen werden bei der Firmung voll in die Gemeinschaft der katholischen Kirche aufgenommen. Das Wort „Firmung" leitet sich von lateinisch „confirmare" und „firmatio" ab und bedeutet „festma-chen, bestätigen" bzw. „Stärkung, Bekräftigung".

In der Apostelgeschichte der Heiligen Schrift ist der erste Bericht von der Spendung der Firmung:

„ Als die Apostel in Jerusalem hörten, dass Samarien das Wort Gottes angenommen hatte, schickten sie Petrus und Johannes dorthin. Diese zogen hinab und beteten für sie, sie möchten den Heiligen Geist empfangen. Denn er war noch auf keinen von ihnen herabgekommen; sie waren nur auf den Namen Jesu, des Herrn, getauft. Dann legten sie ihnen die Hände auf, und sie empfingen den Heiligen Geist. "
(Apg 8, 14-17).

Das apostolische Handauflegen wurde seit dem 3. Jahrhundert als Ritual üblich. Um ein bewusstes Ja zum eigenen Glauben öffent-lich zu zeigen, melden sich die Jugendlichen in den meisten Pfar-reien selbst beim Pfarrer zur Firmung an. **Voraussetzungen** für die Zulassung sind die Taufe, innerlich und äußerlich seine Bereitschaft zur Firmung zu zeigen, an der Firmvorbereitung teilzunehmen, die Eucharistie mitzufeiern und ein Alter erreicht zu haben, in dem einem die Tragweite der Firmung bewusst ist; in Deutschland in der Regel in der 6. Schulklasse.

Der **Firmpate** soll, wie auch der Taufpate, ein vertrauter Weggefährte sein und den Firmling bei dessen christlicher Lebensführung begleiten und unterstützen. Spender der Firmung ist als Repräsentant der Kirche und als Träger des Apostelamtes der Diözesanbischof, sein Weihbischof oder ein beauftragter, bevollmächtigter Abt oder Priester.

Die **Firmspendung** geschieht im Rahmen der Eucharistiefeier nach dem Evangelium. Der Bischof nimmt nach seiner Ansprache das Tauf- und Glaubensbekenntnis der Firmlinge entgegen, die Gemeinde bestätigt dies durch ein Glaubenslied. Nach einer Einladung zum Gebet breitet der Bischof die Hände über die Firmlinge aus und bittet in einem Gebet um die Gaben des Heiligen Geistes. In Begleitung ihres Paten kommen die Firmlinge einzeln zum Bischof und nennen ihren Vornamen. Zum Zeichen der Unterstützung legt der Pate seine rechte Hand auf die rechte Schulter des Firmlings. Der Bischof legt seine Hand auf den Kopf des Firmlings, taucht den rechten Daumen in das geweihte Chrisam-Öl und zeichnet damit auf die Stirn des Firmlings ein Kreuz und spricht dabei:

> *„VORNAME, sei besiegelt durch die Gabe Gottes, den Heiligen Geist.“*

Durch sein „Amen“ bestätigt dies der Gefirmte. Mit dem Gruß „Der Friede sei mit dir“ entlässt der Bischof den Neugefirmten.
Es folgen die Fürbitten für die Neugefirmten, ihre Eltern und Paten, die ganze Kirche und alle Menschen.

Spendung der Firmung

Die **Handauflegung** und die **Salbung mit Öl** versinnbildlichen die Erwählung durch Gott und bringen Segensfülle, Stärkung und Heil zum Ausdruck. Schon vor mehr als tausend Jahren wurden die Herrscher und Könige bei ihrer Krönung gesalbt; so sollte ihnen eine besondere Kraft verliehen werden. Der Gefirmte gehört zu dem Volk Gottes, von dem Petrus sagt: „Ihr seid ein auserwähltes Geschlecht, eine königliche Priesterschaft, ein heiliger Stamm, ein Volk, das sein besonderes Eigentum wurde, damit ihr die großen Taten dessen verkündet, der euch aus der Finsternis in sein wunderbares Licht gerufen hat." (1 Petr 2, 9). Und Lukas schreibt in der Hl. Schrift: „Der Geist Gottes des Herrn ruht auf mir, denn der Herr hat mich gesalbt; er hat mich gesandt, um den Armen die Heilsbotschaft zu bringen" (Lk 4,18).

Nach der Firmspendung kann ein Mitglied der Pfarrgemeinde die Neugefirmten als Vollbürger des Volkes Gottes begrüßen.

Die weitere **Gestaltung des Firmtages** hängt von den Traditionen der Familie und den Wünschen des Firmlings ab. Sobald der Firmtermin feststeht, überlegen die Eltern mit dem Firmling, in welchem Rahmen das Firmfest gefeiert wird, ob zu Hause oder in einem Gasthaus und mit welchen Gästen. Zum festlichen Tischschmuck gehören auch die Tauf- und Kommunionkerze. Ein gemeinsames Tischgebet wäre sinnvoll. Der übliche **Firmausflug** kann am Firmtag oder einem der nächsten Tage eingeplant werden; er soll dem Charakter des Firmtages entsprechend nach Möglichkeit auch den Besuch einer Kirche oder eines Wallfahrtsortes einschließen.

Mögliche Geschenke zur Firmung

- Firmuhr vom Paten
- eine Heilige Schrift, ein „Gotteslob"
- ein Kreuz
- ein Hinterglasbild des Namenspatrons
- Bücher, CD oder DVD zur Glaubens- und Lebenssituation des Firmlings
- Fahrradtacho, Inline-Skater, o. ä.

Konfirmation

Die protestantischen Kirchen schafften 1538 die Firmung als Sakrament ab und führten den religiösen Grundgedanken mit der Konfirmation (übersetzt „Befestigung") weiter. Dabei werden die 13- bis 15-jährigen Getauften als eigenständige Mitglieder feierlich in die Gemeinschaft der evangelischen Kirche aufgenommen. In einem einjährigen Kurs bereiten sich die Jugendlichen mit ihrem Pfarrer im Unterricht, bei Freizeiten und durch Gemeindepraktika auf dieses Ereignis vor. In der Konfirmationsfeier legen sie ein Bekenntnis zum Glauben und ein Gelöbnis ab. Mit einem Gebet und der Handauflegung segnet sie der Pfarrer ein. Die Konfirmanden dürfen dann zum erstenmal am Abendmahl teilnehmen. Der individuelle Konfirmationsspruch hat, wie der Taufspruch einen hohen Stellenwert als Wegweiser durch das Leben.

Einsegnung der Konfirmanden durch Handauflegung des Pfarrers

Nach der kirchlichen Konfirmation findet meist eine Feier im Familienkreis statt, wobei die Jugendlichen auch beschenkt werden. Da der Konfirmierte das Patenamt ausüben kann, ist sein Taufpate nun formell aus seinem Amt entlassen.

Hochzeit

Die Entscheidung zu heiraten und ihre Partnerschaft öffentlich und mit einem Fest zu besiegeln, markiert einen entscheidenden Wendepunkt in der Beziehungsgeschichte und im Lebenslauf zweier Menschen. Das Versprechen, miteinander durch dick und dünn zu gehen, ist im Zeitalter der „Lebensabschnittspartnerschaften" und nachdem in Deutschland jede dritte Ehe geschieden wird, eigentlich etwas Besonderes.

Traditionell begleiten vielerlei Bräuche die Hochzeit, heutzutage eher individuell, oft beliebig ausgewählt je nach Herkunftsregion, nach städtischem oder ländlichem Charakter, nach Glaubensverbundenheit oder Kirchenferne, je nach lokaler Tradition oder nach Hang zum Modernen, zum heute beliebten „Event-Gag".

Früher sollten die Brauchhandlungen das Brautpaar vor bösen Geistern und vor Unheil schützen. Früher wie heute stehen sie aber auch für Fruchtbarkeit, Kindersegen, Liebe, Treue, Gesundheit, Wohlstand und Glück des Paares.

Zwei, die sich schätzen und lieben, entscheiden sich bei der **Trauung** für ein gemeinsames Leben, sie „trauen" einander. Das Wort **„Ehe"** leitet sich ab vom althochdeutschen „ewa" und mittelhochdeutschen „ewe" = Bündnis, Vertrag, Gesetz. „Heirat" kommt vom althochdeutschen „hirat" und bedeutet „Obsorge für das Heim".

Die kirchliche Eheschließung ist bereits im 4. Jahrhundert nachzuweisen und im 12. Jahrhundert wird die Ehe in die Reihe der sieben Sakramente aufgenommen. Nach der Französischen Revolution wurde neben der kirchlichen die standesamtliche Trauung eingeführt. Nach dem staatlichen Recht in Deutschland wird die Ehe gültig vor dem Standesamt der Kommune geschlossen.

Voraussetzungen einer kirchlichen-katholischen Eheschließung:

- Mann und Frau müssen **getauft** sein, zumindest einer der Brautleute.
- Mann und Frau müssen **ledig oder verwitwet** sein.
- **Freiheit** – Freiwilligkeit: Da der Kirche die freiwillige Entscheidung jedes Ehepartners sehr wichtig ist, werden beide bei der Trauung ausdrücklich danach befragt.
- **Unauflöslichkeit:** Die Ehe ist ohne Vorbehalte und Bedingungen ein Bund für das ganze Leben.
- Die **Treue** als Entschluss zu einer ausschließlichen Bindung an den Ehepartner.
- **Elternschaft:** Aus der Liebe der Ehepartner zueinander kann neues Leben entstehen. Beide nehmen ihre Verantwortung für ihre Kinder wahr und begleiten sie als Christ in ihrem Heranwachsen.
- **Zwei Trauzeugen** müssen benannt werden, die nicht unbedingt katholisch sein müssen.
- Die **zivilrechtliche Ehe** vor dem Standesamt muss vorher geschlossen worden sein.
- Die Ehe ist als **Sakrament** ein heilbringendes Zeichen der **Zuwendung Gottes** zu den Menschen. Auf diese Zuwendung Gottes dürfen beide Ehepartner immer vertrauen, in guten und in bösen Tagen, ein Leben lang.

Durch eine staatliche Änderung des Personenstandsgesetzes ist seit 1. Januar 2009 eine kirchliche Trauung auch ohne vorausgehende standesamtliche Eheschließung erlaubt. Die Kirchen bleiben aber bei der bisherigen Regelung und so ist vor der kirchlichen Trauung eine Bescheinigung über die standesamtliche Eheschließung vorzulegen. Eine nicht vor dem Standesamt geschlossene Ehe hat nach wie vor grundsätzlich keine Rechtswirkungen. Nach evangelischer - im Gegensatz zu katholischer - Auffassung wird die Ehe auf dem Standesamt geschlossen; d.h. das evangelische Ehepaar kommt bereits verheiratet in die Kirche und erbittet den Segen Gottes für ihren gemeinsamen Lebensweg.

Die Trauung von **konfessionsverschiedenen Ehepartnern** erfolgt in der Regel nach der Ordnung der Kirche, in der nach der Entscheidung des Paares die kirchliche Trauung stattfindet. Der katholische Partner kann eine Befreiung („Dispens") von der katholischen Eheschließungsform („Formpflicht") beantragen. Nach Erteilung der Dispens kann die Ehe in der evangelischen Kirche mit oder ohne Beteiligung eines katholischen Geistlichen geschlossen werden. Umgekehrt kann auch in einer katholischen Kirche eine Trauung nach katholischem Ritus unter Beteiligung eines evangelischen Pfarrers stattfinden. Beiden Kirchen ist es wichtig, dass am Anfang einer christlichen Ehe eine kirchliche Trauung steht.

Nach kirchlicher Auffassung spenden sich die Brautleute gegenseitig das Sakrament der Ehe, indem sie sich vor dem Priester, den zwei Trauzeugen und der versammelten Gemeinde das Trauversprechen geben. Mann und Frau bestätigen hierbei ihre Liebe und versprechen, einander in guten und in schlechten Tagen die Treue zu halten, bis dass der Tod sie scheidet. Der Priester erteilt der Ehe den kirchlichen Segen.

Umfassende Checkliste für die Planung der Hochzeit

- **Hochzeitstermin** festlegen: Termin im Pfarramt und im Standesamt (Aufgebot) abklären; Aufgebot frühestens ein halbes Jahr vor der Hochzeit; Termin für Traugespräch mit Pfarrer vereinbaren
- **Papiere** für standesamtliche und kirchliche Trauung besorgen: Taufscheine beim Tauf-Pfarramt (mit Ledigenvermerk, nicht älter als sechs Monate!), Geburtsurkunden
- **Gästeliste** erstellen
- **Gaststätte** für Hochzeitsfeier auswählen und belegen; evtl. mit Übernachtungsmöglichkeiten für auswärtige Hochzeitsgäste; Menüplan und Getränke besprechen, Wein-Auswahl, Tischdekoration, Tisch- und Sitzordnung
- **Ehevorbereitungskurs** anmelden und besuchen

- **Musik** bestellen für die Gaststätte und für die Kirche (Organist, Instrumentalisten, Sänger)
- **Liste für mögliche Hochzeitsgeschenke** zusammenstellen und evtl. in einem örtlichen Geschäft hinterlegen oder Hochzeitstisch zusammenstellen.
- **Einladen:** Einladungskarten drucken und versenden. persönliche Einladungen; Hochzeitsanzeige in Druck geben; evtl. eigene Einladung für den Polterabend
- **Hochzeitskleidung** besorgen, Brautkleid mit Accessoires, Tasche, Schuhe, Dessous, helle Strümpfe plus Ersatzstrümpfe etc., Anzug für Bräutigam mit Weste, Schleife oder Krawatte etc.
- **Hochzeitsfrisur** erproben und mit Friseur absprechen; Friseurtermin für Braut und Bräutigam vereinbaren
- **Gestaltung des Trauungsgottesdienstes** festlegen, Kirchen- bzw. Liederheft drucken
- **Tisch- und Menükarten** drucken
- **Sonderurlaub** bei Arbeitgeber beantragen
- **Hochzeitsreise** vorbereiten und buchen; Impfungen notwendig?
- **Trauzeugen** aussuchen und anfragen
- **Hochzeitskleidung** anproben und Hochzeitsschuhe einlaufen
- **Blumenkinder** auswählen, samt Kleidung und Blumen; Ring-Kissen für Eheringe und Kerzenständer für Hochzeitskerze besorgen
- **Hochzeitskerze** gestalten
- **Hochzeitstorte** ordern
- **Gästebuch** besorgen und einem Hochzeitsgast anvertrauen
- **Fotografen** und Videografen bestimmen
- **Brautfahrzeug** bzw. Brautauto oder Hochzeitskutsche mit Fahrer besorgen
- **Eheringe** auswählen, gravieren und anpassen lassen
- **Blumenschmuck** für Kirche, Brautauto, Blumenkinder und Festsaal besprechen und besorgen; Reversanstecker für Bräutigam und evtl. für Gäste
- **Brautstrauß** auswählen

- **„Programmdirektor"** / Zeremonienmeister benennen, Listenführer für Geschenke
- Sich schön machen für den Hochzeitstag: **Friseurtermin,** Hände maniküren
- **Braut-Handtasche** herrichten: Kamm, Deo, Make-up, Nähzeug, Spiegel, Ersatzstrümpfe, Taschentuch, Kopfschmerztabletten, Kleingeld
- **Trinkgeld** bereithalten für Blumen-, Geschenkeboten und Ministranten
- **Eheringe und Papiere** bereitlegen
- **Danksagungskarten** nach der Hochzeit drucken und versenden

Vor der Hochzeit

In unserer Zeit hat sich die Hochzeit vollkommen kommerzialisiert. Was früher ein Hochzeitslader, eine Störnäherin und ein Schreiner bewerkstelligten, bieten heutzutage Dienstleister und Firmen an. Dazu werden eigene Hochzeitsmessen veranstaltet, wo Hochzeitskleidung, Hochzeitsfotos, Einladungskarten, Eheringe, Torten, Blumenschmuck, Frisuren, u. a. vorgestellt werden.

Für die **Organisation** und das „Ganze drum herum" einer Hochzeit gab es früher einen Hochzeitslader, im Bayerischen den Schmuser. Um das Hochzeitspaar von organisatorischen Sorgen am Hochzeitstag zu befreien, wird heutzutage damit ein guter Freund oder ein nahestehender Verwandter mit Organisationstalent als „Zeremonienmeister" betraut. Früher musste der Hochzeitslader zu einer großen Bauernhochzeit 200 bis 300 Gäste einladen. Heute werden 4 bis 6 Wochen vor dem Hochzeitstermin die Einladungskarten mit Rückantwort per Post versandt, nur nahe Verwandte und wichtige Personen werden persönlich von den Brautleuten eingeladen.

Zur Vorbereitung auf Hochzeit und Ehe werden verschiedene **Ehevorbereitungskurse,** vor allem von der Kirche angeboten. Hier geht es in der Regel auch um die Kommunikation in einer Ehe, denn nach Einschätzung von Fachleuten wäre ein Großteil der Ehescheidungen bei guter Kommunikation vermeidbar.

Traugespräch

Zur Vorbereitung auf die Trauung führt der Pfarrer ein Traugespräch mit den künftigen Eheleuten. Sie erhalten dabei Informationen über Sinn und Wert einer christlichen Ehe und Familie, über Ehevorbereitungskurse und über Möglichkeiten zur persönlichen Gestaltung des Trauungsgottesdienstes. Auch können persönliche Fragen der Ehepartner und alle organisatorischen, z.B. Blumenschmuck in der Kirche, Einzug und Auszug, Unterzeichnung der Traudokumente, Ringkissen, Standort der Trauzeugen, Fotografieren und Filmen in der Kirche, und rechtlichen Dinge besprochen werden. Dabei wird ein **Ehevorbereitungsprotokoll** ausgefüllt, bei dem auch die Trauzeugen/-innen benannt werden. Früher nannte man dieses Gespräch das „Stuhlfest" oder das „Brautexamen".

Die **Verlobung** als Brautzeit und als Vorbereitungszeit für die Ehe hat heutzutage fast ausgedient. Wenn Verlobung noch gefeiert wird, dann im engen, familiären Kreis mit Anstecken der Verlobungsringe.

Junggesellenabschied

Vielfach feiert heute der Bräutigam einige Tage vor der Hochzeit mit seinen Freunden den Abschied aus dem Junggesellendasein, zumeist in mehreren Lokalen und Amüsierbetrieben mit exzessivem Alkoholgenuss. Heutzutage übernehmen auch Bräute diesen Brauch des „Letzten Abends in Freiheit", um zum letzten Mal ausgelassen allein feiern zu können. Mit dem Programm werden der Junggeselle bzw. die Junggesellin von ihrem Freundeskreis überrascht, z.B. mit spaßigen Aufgaben, Spielen oder Quizfragen, Gedichten, Striptease-Auftritt, mit bedruckten T-Shirts, u.ä. Hierbei werden manchmal moralische Traditionen überschritten, wenn die Abschiedsfeier in einem sinnlosen Besäufnis endet.

Die Tradition des Junggesellenabschiedes kommt aus England. Dort prüften die Männer der beiden Häuser beim Vater des Bräutigams, ob sich der künftige Bräutigam mit seinen ehelichen Pflichten auskennt.

Polterabend

Der Lärm und das Poltern beim Zerschlagen von Porzellan und Steingut vor dem Brauthaus soll die bösen Geister und die lärmempfindlichen Dämonen vertreiben. Dieser alte Brauch stammt vermutlich aus vorchristlicher Zeit und findet in der Regel am Tag bzw. Abend vor der Trauung statt. Auch das Sprichwort „Scherben bringen Glück" kann damit symbolisiert werden. Nach dem Aberglauben soll kein Glas und kein Spiegel zerschlagen werden, denn Glas ist ein Symbol für Glück, und Glas zerschlagen bedeutet Glück zerschlagen. Zerbrochenes Glas soll sieben Jahre Unglück bringen. Das Brautpaar kehrt die Scherben gemeinsam zusammen, als Zeichen, dass sie auch in der Ehe alles gemeinsam machen und schwierige Lebenslagen gemeinsam meistern.

Hochzeitsgeschenke

Früher hinterlegte das Brautpaar in einem örtlichen Haushaltswaren-Geschäft eine Liste oder einen Hochzeitstisch mit den Haushaltsgegenständen, die ihm noch fehlen. Dieser Brauch hat an Bedeutung verloren, da heute viele Brautleute schon vor der Hochzeit einen gemeinsamen Haushalt führen.

Die Geschenke werden in der Regel in der Wirtschaft vor dem Hochzeitsmahl überreicht und auf einem extra aufgestellten Tisch aufgebaut. Ein Verwandter führt dabei eine Geschenkliste, damit das Brautpaar bei den Danksagungen noch weiß, wer was geschenkt hat.

Hochzeitskleidung

Die Farbe Weiß symbolisiert Reinheit, Vollkommenheit, Freude, Festlichkeit. Weiß ist deshalb die Farbe des Taufkleides, der Erstkommunionkleidung, der Hochzeit und des Klostereintrittes. Der

weiße Brautschleier war ursprünglich ein Schutzschild gegen Dämonen und symbolisierte früher die Jungfräulichkeit der Braut. Bis etwa zum 2. Weltkrieg durfte ihn in Weiß nur ein unberührtes Mädchen tragen. Früher trug die Braut ein schwarzes Kleid, erst Ende der 20er-Jahre kam das weiße Brautkleid in Mode. Heute reicht die Auswahl der Farben für das Brautkleid vom klassischen Weiß über Creme- und Champagner-Töne bis zu extravaganten roten oder schwarzen Farbtönen.

Brautpaar um 1920

Der Bräutigam sollte das Brautkleid vor der Hochzeit nicht sehen, denn das würde kein Glück bringen. Ein selbstgenähtes Brautkleid bringt nach dem Aberglauben Unglück („So viele Stiche, so viele Tränen").

Hochzeit 1938

Ein schwarzer oder dunkler Anzug des Bräutigams steht für Festlichkeit, natürlich auch die Tracht, wobei heute alles erlaubt ist vom Party-Anzug bis zum Smoking.
In früheren Zeiten musste man für die Aussteuer und die Brautkleidung jahrelang sparen. Sparsamkeit, Treue und Fleiß bewies die Braut, wenn sie schon ab der Schulzeit Pfennige für ihre **Brautschuhe** sammelte. Dieser Brauch wird heute im Zeitalter der Kreditkarte kaum noch gepflegt. Nach altem Aberglauben wird das Geld in der Ehe nie ausgehen, wenn die Braut ein kleines Geldstück in ihrem Brautschuh versteckt.

Während der Hochzeit kann der Braut der Schuh entwendet werden und dieser symbolisch unter den Brautgästen, zumeist „amerikanisch", versteigert werden. Dabei muss jedes finanzielle Gebot sofort in den Brautschuh gelegt werden. Zum Schluss ersteigert der Bräutigam den Schuh samt Geld, das dem Brautpaar gehört, und überreicht der Braut den Schuh.

Nach einem aus England stammenden Brauch sollte die Braut vier Dinge am Hochzeitstag mitnehmen, dies verbreiteten die Medien bei der Hochzeit von Prinz Charles und Diana Spencer: „ Something old, something new, something borrowed, something blue and a lucky six-pence in your shoe." Also etwas Altes (z. B. altes Familien-Schmuckstück) als Zeichen für die Zeit vor der Ehe, etwas Neues (Ehering, neues Brautkleid) als Zeichen für das beginnende Leben als Ehefrau, etwas Geliehenes (Halskette, Armband, besticktes Taschentuch von einer glücklich verheirateten Freundin) als Zeichen der Freundschaft und als Glück für die Ehe, und etwas Blaues (Strumpfband) als Sinnbild für die Treue. Das Geldstück im Schuh soll Wohlstand bringen, wird aber heute wegen Blasengefahr an dem Fuß zumeist weggelassen.

Trauspruch
Wie bei der Taufe kann auch bei der Trauung ein Leitspruch für das Brautpaar ausgewählt werden, der bei der Gestaltung der Einladungs- und Tischkarten, auf der Hochzeitskerze und bei der Gottesdienst-gestaltung in Erscheinung tritt.

Beispiele für einen Trauspruch

- Ich bin bei Euch.
- Liebt einander.
- Ich traue mich dir an.
- Ertragt einander in Liebe.
- Bleibt in meiner Liebe.
- Sei Du unsere Mitte.
- Vor allem aber liebt einander.
- Dankt für alles.

Mögliche Bibeltextstellen

zur Lesung:

Rut 1, 14b – 17 : Wohin du gehst, gehe auch ich.

Buch Kohelet 3, 1 – 9, 14a : Alles hat seine Stunde.

1. Brief an die Korinther 12, 31 – 13, 8a: Das Hohelied der Liebe

Brief an die Kolosser 3, 12 – 17: Vor allem aber liebt einander, denn die Liebe ist das Band, das alles zusammenhält und vollkommen macht.

Erster Johannesbrief 4, 7 – 12: Die Liebe ist aus Gott.

Brief an die Epheser 3, 14 – 21: In der Liebe verwurzelt.

Brief an die Epheser 4, 1 – 6: Ertragt einander in Liebe.

zum Evangelium:

Matthäus 5, 1 - 12a : Selig seid ihr.

Matthäus 5, 13 - 16 : Ihr seid das Salz der Erde und das Licht der Welt.

Matthäus 19, 3 - 6 : Was Gott verbunden hat, darf der Mensch nicht trennen.

Matthäus 22, 35 – 40 : Das wichtigste Gebot: Gottes- und Nächstenliebe.

Johannes 2, 1 – 11 : Hochzeit in Kana.

Johannes 15, 9 – 12 und Johannes 15, 12 - 17 : Liebt einander!

Johannes 17, 20 – 26 : Sie sollen eins sein, damit die Liebe in ihnen ist und ich in ihnen bin.

Brautjungfern - Nächste - Trauzeugen

In der Regel begleiten ein oder zwei unverheiratete Mädchen die Braut in die Kirche. Sie sollen die bösen Geister von der Braut ablenken und tragen deshalb Kleider, die dem Brautkleid ähnlich sind.

In unserer Region ist es üblich, dass ein unverheirateter Nächster und eine unverheiratete Nächste aus dem Verwandten- oder Bekanntenkreis das Brautpaar begleiten, als Trauzeugen auftreten, beim Brauttanz den zweiten Tanz mittanzen und die Zeche beim Brautstehlen bezahlen. Man kann aber heute auch ohne Trauzeugen heiraten oder die Trauzeugen können auch verheiratet sein.

Blumenkinder

Beim Hochzeitszug gehen vor dem Brautpaar verwandte oder befreundete Kinder in festlicher Kleidung. Als Blumenkinder können sie Körbchen mit Blumen tragen und/oder beim Auszug vor dem Brautpaar Blütenblätter streuen. Als alter heidnischer Brauch soll der Duft der Blumen die Fruchtbarkeitsgöttinnen anlocken und dem Brautpaar reichlichen Kindersegen schenken.

Beim kirchlichen Einzug tragen Kinder das Ringkissen mit den Eheringen und die Hochzeitskerze.

Hochzeitskerze

Die Kerze, die hell und warm macht und sich selbst dabei verzehrt, ist generell das Zeichen für Licht, Leben und Liebe. Bereits im Mittelalter war die Hochzeitskerze wichtiger Bestandteil der Trauungszeremonie. Sie wird heute zumeist an der Spitze des Brautzuges von einem Kind getragen. Angezündet wird sie während der Trauung an der Osterkerze, die den auferstandenen Christus als das Licht der Welt symbolisiert. Die Hochzeitskerze mit dem Trauspruch kann auch ein Zeichen sein für Gottes Begleitung auf dem Weg der Ehe: „Ich bin bei Euch!". Sie wird mit den Vornamen der Brautleute, dem Trauungsdatum, dem Trauspruch und Hochzeitssymbolen wie zwei Ringe, Blumen, Kreuz, Taube, Regenbogen, Brücke, Baum, zwei Bäume, Hände, zwei Wege die in einen münden, u. ä. verziert.

Die Hochzeitskerze wird später bei Familienfesten, am Hochzeitstag und bei Ehejubiläen angezündet.

Eheringe

Der Ehering ist ein Sinnbild der Verbundenheit des Braut-paares und ein äußeres Zeichen für Treue und Beständigkeit der ehelichen Bindung. So wie der Ring keinen Anfang und kein Ende hat, so soll die Liebe der beiden Brautleute ewig andauern. Auf der Innenseite werden die Ringe in der Regel mit dem Vornamen des Ehepartners und dem Datum der kirchlichen Trauung graviert, selten noch mit dem früher üblichen Kürzel „GGG", das bedeutet „Gott gebe Glück!".

Die Ringe werden kurz vor der Vermählung vom Priester gesegnet:

„Wie der Ring den Finger ganz umschließt, so umschließt das Band der Treue jene beiden, welche diese Ringe tragen. Herr Jesus Christus, segne diese Ringe und schütze diese Ehe vor allem, was sie je bedroht."

Beim Anstecken an die Hand sprechen die Brautleute:

*„Trag diesen Ring als Zeichen unserer Liebe und Treue.
Im Namen des Vaters und des Sohnes und des Heiligen Geistes."*

Getragen wird der Ehering traditionell meist am Ringfinger der rechten Hand, der Verlobungsring am linken Ringfinger. Schon die Ägypter und Römer glaubten, dass der vierte Finger, der sogenannte Ringfinger eine direkte Verbindung zum Herzen besäße.

Brautstrauß

Bereits in der Renaissance schmückten sich die Bräute mit einem Braut-strauß. Buchs, Rosmarin und später Myrte waren früher die Zeichen des Lebens bei der Hochzeit. Rosmarin soll nach dem Aberglauben böse Geister vertreiben, deshalb trug die Braut früher einen Rosmarinkranz.
Symbolblume für die Liebe ist die rote Rose. Die Blumen des Braut-straußes richten sich heute mehr nach der Farbe des Brautkleides und den Lieblingsblumen der Braut.

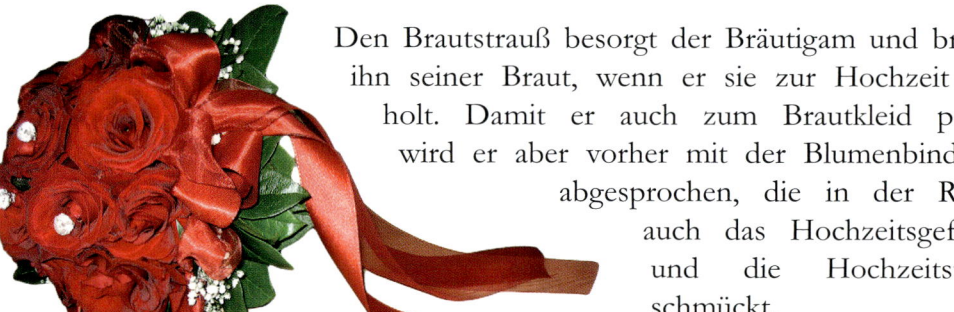

Brautstrauß

Den Brautstrauß besorgt der Bräutigam und bringt ihn seiner Braut, wenn er sie zur Hochzeit abholt. Damit er auch zum Brautkleid passt, wird er aber vorher mit der Blumenbinderin abgesprochen, die in der Regel auch das Hochzeitsgefährt und die Hochzeitstafel schmückt.

Früher dürfte im Brautstrauß und im Haarkränzchen der Braut nur dann Myrte sein, wenn die Braut noch Jungfrau war.

Bei einigen Hochzeiten wird auch der Brauch des Anstecksträußchen, zumeist aus Myrthen, für jeden Hochzeitsgast ausgeübt. Früher übernahm dies die Näherin des Brautkleides, sie bekam dafür ein reichliches Trinkgeld.

Der Brauch des **Brautstraußwerfens** ist inzwischen auch bei uns geläufig: Wenn sich alle unverheirateten Frauen im Laufe der abendlichen Feier um die Braut versammeln, wirft diese mit verschlossenen Augen den Brautstrauß hinter sich. Diejenige, die den Strauß fängt, wird als nächste heiraten. Da die meisten Bräute ihren Strauß als Erinnerung an ihren Hochzeitstag behalten möchten, wird für diesen Brauch meist ein kleinerer Zweitstrauß verwendet.

Programmheft für den Trauungsgottesdienst

Eine sinnvolle Hilfe zum Mitbeten und Mitsingen für die Teilnehmer der kirchlichen Trauung ist ein Lied- und Textheft, das in der Regel vom Brautpaar oder Freunden gestaltet wird. Neben Liedern und Texten enthält es oft auch den Trauspruch und den Ablauf der Trauzeremonie und Symbole und Gedanken zur Ehe.

HOCHZEIT

Ablauf der Feier bei der kirchlichen Trauung

Die katholische kirchliche Trauung findet in der Regel in einer Eucharistiefeier statt. Sie kann aber auch in einem Wortgottesdienst vollzogen werden, z. B. bei konfessionsverschiedenen Ehepartnern.

1. Eröffnung: *Begrüßung des Brautpaares* an der Kirchentüre durch den Priester. *Einzug* in die Kirche mit Orgelspiel oder Instrumentalstück.
Üblicherweise versammeln sich die Gottesdienstbesucher in der Kirche und warten auf den Einzug des Brautpaares mit Gefolge. Aus dem englischen-amerikanischen Raum stammt der Brauch, dass der Brautvater die Braut in die Kirche führt, dabei geht der Bräutigam mit dem Priester oder den Trauzeugen. Mit dabei sind auch die Blumenkinder und die Kinder mit der Hochzeitskerze und dem Ringkissen.

Der Hochzeitszug kann auch von den Trauzeugen („Nächsten") angeführt werden, dann die Kinder und das Brautpaar; danach die Brautmutter mit dem Vater des Bräutigams, dann der Brautvater mit der Mutter des Bräutigams. Beim Einzug ist die Braut links vom Bräutigam, beim Auszug rechts von ihm.
Eingangslied / Begrüßung durch den Priester oder durch das Brautpaar
Kyrie – Gloria – Tagesgebet

2. Wortgottesdienst:
Lesung – Antwortgesang – Evangelium – Predigt

3. Trauung: *Fragen* des Priesters an die Brautleute nach der Bereitschaft zu einer christlichen Ehe
Segnung der Ringe durch Priester. Die Besprengung der Ringe mit Weihwasser erinnert an die Taufe und den Bund Gottes mit den Menschen.
Vermählung: Abgabe der Ehewillenserklärung durch Bräutigam und Braut oder durch Fragen des Priesters und Antworten der Brautleute:

187

„Vorname, vor Gottes Angesicht nehme ich dich an als meine Frau / meinen Mann. Ich verspreche dir die Treue in guten und bösen Tagen, in Gesundheit und Krankheit, bis der Tod uns scheidet. Ich will dich lieben, achten und ehren alle Tage meines Lebens."

Bestätigung der Vermählung: Der Priester legt die Stola um die ineinandergelegten rechten Hände der Brautleute
Feierlicher Trauungssegen: Beim Segensgebet des Priesters wird die Kraft Gottes auf das Brautpaar herabgerufen. Mit dem Segen erhalten die Jungvermählten die Zusage, dass Gott sie in seiner Treue und Liebe stets verlässlich begleiten wird.

Als *Abschluss* der Vermählung ein Musikstück oder ein Lied
Fürbitten durch Priester oder Verwandte, Freunde
Bei einem Wortgottesdienst ohne Eucharistiefeier folgen jetzt Vater unser – Schlussgebet – Danklied – Segen – Auszug.

4. Eucharistiefeier:

Gabenbereitung – Präfation – Sanktus – Hochgebet – Wandlung
Vater unser, alle können sich dabei die Hände reichen;
Friedensgebet und Friedensgruß
Brautleute und Gäste geben sich gegenseitig den Friedensgruß „Der Friede sei mit dir!".
Brotbrechung – Agnus Dei
Kommunion: Das Brautpaar empfängt die Hostie und kann in der Regel aus dem Kelch trinken.
Zur Danksagung ein Danklied oder ein Besinnungstext – *Schlussgebet*
Segen – Entlassung – Schlusslied
Auszug aus der Kirche mit Orgelspiel oder Instrumentalmusik

Der evangelische Traugottesdienst
Der genaue Ablauf des Segnungsgottesdienstes wird mit dem Pfarrer abgesprochen.

Einzug – Eingangslied – **Begrüßung** – Eingangsvotum – **Eingangsgebet**
Ansprache, in der Regel zum Trauspruch
Lesungen aus der Bibel zum Thema Ehe
Das Brautpaar hört sich diese Schriftworte an und sagt später im Traubekenntnis nicht nur zueinander Ja, sondern auch zu diesen Texten, die ausdrücken, dass die Ehe eine gute Sache Gottes ist und dass Gott selbst das Paar in seiner Ehe begleiten wird.
Hier beginnt die eigentliche **Trauhandlung.** Dazu kommt das Paar in der Regel nach vorne an den Altar und bleibt dort bis nach der Segnung.
Trauversprechen: Entweder antworten die Brautleute auf die Fragen des Pfarrers mit „Ja, mit Gottes Hilfe!" oder die Brautleute geben selbst einander das Eheversprechen:

> *„V o r n a m e , ich nehme dich als meine/n Ehefrau/Ehemann aus Gottes Hand. Ich will dich lieben und achten, dir vertrauen und treu sein. Ich will dir helfen und für dich sorgen, will dir vergeben, wie Gott uns vergibt. Ich will zusammen mit dir Gott und den Menschen dienen. So lange wir leben. Dazu helfe mir Gott."*

Ringtausch: Das Brautpaar tauscht die Eheringe und reicht einander die rechte Hand. Dazu spricht der Pfarrer:

> *„Was Gott zusammengefügt hat, das soll der Mensch nicht scheiden."*

Segnung des Brautpaares durch den Pfarrer oder auch zusammen mit Nahestehenden des Brautpaares, die dem Paar die Hände auflegen und einen Segens-Satz sprechen.
Das **Abendmahl** kann auf Wunsch gemeinsam gefeiert werden.
Fürbitten – Vaterunser – Segen – Auszug des Brautpaares mit Blumenkindern und Pfarrer

Spalierstehen

Beim Auszug aus der Kirche oder aus dem Standesamt stehen oft Freunde oder Kollegen Spalier mit roten Rosen oder Sportgeräten, z. B. im Fußballdress, mit Eishockeyschlägern u. ä. Wenn das frischgetraute Paar durch diese Gasse geht, werden ihm spielerisch das Durchkommen erschwert und sie müssen zeigen, dass sie gemeinsam Schwierigkeiten überwinden können.

Spalier stehen nach einer standesamtlichen Trauung

Reis werfen

Vor einigen Jahren war es Brauch, das Brautpaar nach dem Auszug aus dem Standesamt oder der Kirche mit Reis zu bewerfen. In Asien ist Reis ein Symbol für Reichtum, Fruchtbarkeit und Kindersegen. So viele Reiskörner in den Haaren der Braut hängen bleiben, so viele Kinder bekommt sie nach dem Aberglauben. Heutzutage bestehen moralische Bedenken, mit Nahrungsmitteln zu werfen, während viele Menschen hungern. Zudem quellen die Reiskörner bei Nässe auf, es besteht Rutsch- und Unfallgefahr, auch werden Tauben und Ratten angelockt und der Hausmeister bzw. Mesner hat Mühe, die Verunreinigung zu beseitigen. Wer es trotzdem tun will, sollte sich vorher mit dem Standesbeamten oder Pfarrer absprechen.

Manche werfen statt Reis mit Konfetti, - es gibt sogar rote, herzförmige Konfetti - oder mit Blumen. Angeblich sollen durch das Werfen auch die bösen Geister, die das junge Glück stören wollen, besänftigt werden. Es kann auch als Überschütten mit Glück gedeutet werden.

Vereinzelt werden auch Seifenblasen-Fläschchen an die Gäste beim Verlassen des Standesamtes bzw. der Kirche verteilt. Die Seifenblasen sollen die Träume und Wünsche des Brautpaares symbolisieren, die in Erfüllung gehen sollen.

Manche lassen auch herzförmige Luftballons starten, die mit Namen und Anschrift des Brautpaars versehen sind. Der Finder kann dem Paar Glückwünsche senden.

Sogar weiße Brieftauben können verschickt werden, um Glückwünsche und Grüße des Friedens zu überbringen.

Hindernisse aus dem Weg räumen

Früher konnte man das Brautfuder (bayerisch „Kammerwagen") mit Seilen oder Stangen aufhalten und bekam für das Freimachen des Weges Kleingeld. Sinn dieses Brauches war eine soziale Armenspende.

Heutzutage versperren die Ministranten oft noch an der Kirchentüre mit einem Seil den Auszug des Brautpaares und bekommen dann ein Trinkgeld von jedem Hochzeitsgast. Nach der Überlieferung muss sich dabei der Bräutigam von seinen Jugendsünden freikaufen. Nach altem Volksglauben kann man damit auch die bösen Geister abwehren, da diese kein Trinkgeld haben. Einige Brauchtumsforscher sehen das Aufhalten des Brautpaares auch als alte Rechtshandlung, als Lösegeld für die Übergabe der Braut in eine neue Heimat oder als schützende Umspannung und Umringung.

Brauch ist auch, vor der Wirtschaft - seltener vor Standesamt oder Brauthaus - den Weg mit einem Baumstamm auf einem Sägebock zu versperren. Symbolisch für die nun gemeinsam zu bewältigenden Hindernisse muss er vom Brautpaar gemeinsam mit einer Baumsäge bzw. Schrotsäge zersägt werden, zumeist unter Mithilfe der Trauzeugen. Da bei der Schrotsäge darauf geachtet werden muss, dass abwechselnd gezogen und entlastet wird, um ein Verklemmen zu vermeiden, steht der Brauch auch für Aktivsein und Zulassen, für Reden und Zuhören, also für Gleichberechtigung in der Ehe und für Aufmerksamkeit für die Bedürfnisse des Partners.

Vereinzelt wird bei uns nach der standesamtlichen oder kirchlichen Trauung dem Brautpaar mit einem Bettlaken oder einem Papierplakat mit einem aufgemalten Rosenherz der Weg versperrt. Das Brautpaar schneidet mit einer Schere das Herz aus und steigt gemeinsam hindurch.
Nach dem Auszug aus der Kirche oder aus dem Standesamt findet auch die Gratulationscour für das Brautpaar statt.

Das Brautauto mit Blechdosen

Autokorso mit Hupkonzert und Dosen hinter dem Brautauto

Das Hochzeitspaar sucht sich für die Fahrt zur Kirche und zur Wirtschaft ein besonderes Fahrzeug aus, z. B. einen Oldtimer, eine Luxuslimousine, ein Cabriolett, ein Feuerwehrauto oder eine weiße Hochzeitskutsche mit Pferdegespann. Diese Hochzeitsgefährte werden mit Blumen und Schleifen geschmückt, auf der Autohaube ist in der Regel ein Blumengebinde.

Lärm soll nach dem Aberglauben die bösen Geister vertreiben. Deshalb werden leere Blechdosen an einer Schnur hinten am Brautauto befestigt, damit beim Fahren ein lautes Scheppern ertönt. Dies soll auch darauf hinweisen, dass ein frisch getrautes Brautpaar unterwegs ist. Die am Hochzeitszug beteiligten Fahrzeuge sind durch ein weißes Bändchen an der Autoantenne gekennzeichnet und begleiten das Brautauto nach der Trauung mit lautem Hupen.

Nach altem Aberglauben darf der Bräutigam nicht selbst das Hochzeitsauto fahren, da dies Unglück bringen würde.

Brauttisch

Hochzeitsmahl

An der Hochzeitstafel sitzen am Brauttisch die Trauzeugen oder „Nächsten", die Eltern und die Ehrengäste, wie z. B. der Pfarrer, Taufpaten oder Großeltern.

Vor Beginn des Mahles kann der Pfarrer oder der Bräutigam ein Tischgebet sprechen und einen „Guten Appetit" wünschen. Er kann dies auch mit einer kurzen Begrüßung und einem Dank fürs Kommen und Mitfeiern verbinden. Sollten Tischreden gehalten werden, beginnt in der Regel der Brautvater.

Hochzeitstorte

Die besonders schön mit den Vornamen und dem Datum verzierte, oft mehrstöckige Hochzeitstorte, oft auch nur schlicht mit roten Erdbeeren als Herz gestaltet, wird vom Brautpaar gemeinsam mit dem Messer angeschnitten, um damit Zusammenhalt und Einigkeit in einer harmonischen Ehe zu symbolisieren. Wer beim gemeinsamen Anschneiden seine Hand obenauf hat, wird nach dem Aberglauben in der Ehe das Sagen haben bzw. „die Hosen anhaben".

Gemeinsames Anschneiden der Hochzeitstorte

Brauttanz

Traditionell eröffnet man die Tanzfläche mit einem Wiener Walzer. Der erste Tanz gehört dem Brautpaar allein, wobei die Braut den Brautstrauß hält. Der Tanz im Dreivierteltakt bedeutet Gleichklang zweier Menschen und soll Ausdruck der Treue und der Bindung des Hochzeitspaares sein. Anschließend stoßen Trauzeugen und dann die Eltern dazu. Den zweiten Tanz schenkt die Braut ihrem Vater und der Bräutigam seiner Schwiegermutter. Zum dritten Tanz sind dann der Schwiegervater der Braut und die Mutter des Bräutigams dran.

Brauttanz mit Brautstrauß

Lustiges Erkennungsspiel

Einlagen und Spiele für die Hochzeitsgäste

Bei den meisten Hochzeiten füllt die Feier einen ganzen Tag. Früher gingen die Hochzeitsgäste am Nachmittag in die Wohnung des Hochzeitspaares, um die Einrichtung und die Aussteuer zu besichtigen, „zum Sach aluaga". Damit es heutzutage den Gästen nicht langweilig wird, werden Spiele und lustige Einlagen über das Vorleben der beiden Brautleute oder über die künftige Ehe dargeboten. Beliebt ist es, herzförmige, mit Helium gefüllte Luftballone bei einem Massenstart steigen zu lassen. Jeder Hochzeitsgast lässt einen Ballon mit einer Karte mit persönlichen Wünschen für das Brautpaar in den Himmel fliegen.

So kann dem Brautpaar ein großes Bettlaken mit einem aufgemalten Herz vorgehalten werden. Sie müssen das Herz gemeinsam ausschneiden und hindurch steigen.

Vor einem tollen Hintergrund oder mit einem Bilderrahmen, den man vor sich hält, werden die Gäste oder Gästepaare fotografiert. Dazu verewigt sich jeder Gast in einem Gästebuch, in das später die Fotos geklebt werden.

Man stellt auch eine große Leinwand oder ein Plakat auf, auf dem sich die Gäste mit verschiedenen Farben individuell und kreativ künstlerisch ausleben können und dem Brautpaar gute Wünsche notieren.

Hochzeitszeitung

Zur Unterhaltung der Hochzeitsgesellschaft stellen Geschwister oder Freunde der Brautleute eine Hochzeitszeitung zusammen, deren Verkaufserlös dem Brautpaar zugute kommt. Darin werden Kindheit und Jugendzeit der beiden Brautleute in Geschichten und Bildern vergegenwärtigt und lustige Sprüche über die Ehe veröffentlicht.

Braut entführen

Der Brauch der Brautentführung geht angeblich auf das Recht der ersten Nacht für die Herrschaft im Mittelalter zurück. In einem günstigen Augenblick, z. B. beim Tanzen, entführt ein guter Freund oder ein Verwandter die Braut in ein anderes, naheliegendes Lokal, um nicht mit dem Auto fahren zu müssen. Dabei muss er auch den Brautstrauß mitnehmen, den die Trauzeugen bewachen. Hochzeitsgäste begleiten die Entführungsgruppe und trinken auf Rechnung der Trauzeugen, manchmal des Brautvaters oder des Bräutigams. Wenn der Bräutigam nach einigem Suchen kommt, muss er seine Braut auslösen, indem er drei Wünsche der Braut erfüllt, z. B. Hausarbeiten wie Abspülen und Staubsaugen erledigen, eine Woche lang abwaschen, eine künst-

Bräutigam beim Brautverziehen

lerische Darbietung, ein Lied singen, Lieblingswitz erzählen, Kuss, u. ä.. Beim Einzug in den Hochzeitssaal hat der Bräutigam die leergetrunkenen Flaschen umhängen, trägt einen Strohhut auf dem Kopf und einen Besen in der Hand, mit dem er eine Runde tanzen muss, während die Braut mit ihrem Entführer tanzt. Dann tauscht er Hut, Besen und Flaschen gegen seine Braut mit dem Entführer.

Abschiedstanz des Brautpaares

Zur Verabschiedung des Brautpaares stellt jeder Hochzeitsgast ein Teelicht auf eine rote Herzform.

Vor dem Heimgehen, in der Regel um Mitternacht, tanzt das Brautpaar seinen letzten Tanz, einen Walzer, wobei die Hochzeitsgäste mitklatschend das Paar im Kreis einschließen und dann auf einer Händekette hinaustragen oder die Musik spielt das Brautpaar von der Tanzfläche zur Türe hinaus.

Die Hochzeitsgäste verabschieden sich vom Brautpaar

Hochzeitsbaum

Streiche in der Wohnung und am Haus des Brautpaares

Freunde des Brautpaares spielen während der Hochzeitsfeier Streiche in der künftigen Wohnung, das sogenannte „Astella" (Anstellen). Oft beziehen sich die Streiche auf Hobbies oder besondere Tätigkeiten oder frühere markante Aussagen der Brautleute. Beispiele: Gegenstände und Möbel umräumen, Zucker und Salz vertauschen, auf nächtliche Weckzeiten programmierte Wecker verstecken, mit Wasser gefüllte Becher, Strohballen oder Holzbeigen versperren den Zugang, Sicherungen und Lampen herausdrehen, Schlafzimmer mit Luftballons füllen, u. ä..

Als Zeichen für Kindersegen wird von Freunden des Brautpaars im Garten ein Hochzeitsbaum oder auf dem Dach des Hauses eine Storchfigur angebracht, dazu eine Leine mit Babykleidung, Strampelhosen, Schnuller, Babyflaschen. Oft wird auch eine Spruchtafel dazugestellt mit dem Wunsch, das Paar möge bald Nachwuchs bekommen. Wenn Nachwuchs kommt oder wenn ein Jahr vorüber ist, werden Storch und Tafel abgebaut, wobei das junge Ehepaar für eine gemeinsame Brotzeit sorgt.

Die Braut über die Türschwelle tragen

Damit die Braut nicht mit den bösen Geistern in Berührung kommt, die vor der Tür und unter der Türschwelle lauern, trägt der Bräutigam seine Ehefrau beschützend über die Türschwelle.

Nachhochzeit

Am Tag nach der Hochzeit treffen sich die engeren Verwandten und Bekannten mit dem Brautpaar zum Brunch oder Mittagessen, in der Regel bei dem Wirt der Hochzeitsfeier.

Flitterwochen und Hochzeitsreise

Früher standen für das Brautpaar unmittelbar nach der Hochzeit die Flitterwochen an, in denen die Jungvermählten ganz für sich waren. Da heute zumeist erst nach einigen Jahren der Zweisamkeit geheiratet wird, haben diese an Bedeutung verloren. Oft wird die Hochzeitsreise auch etwas später gebucht, je nach Jahreszeit oder Urlaubsmöglichkeit.

Dank des Brautpaares

Etwa vier Wochen nach der Hochzeit bedankt sich das Brautpaar für Glückwünsche und Geschenke. In der Regel werden Danksagungskarten mit herzlichen Dankesworten und einem Foto des Brautpaares versandt.

Weitere Informationsmöglichkeiten zur Hochzeit:

www.ehevorbereitung-muenchen.de ; www.netzwerk-oekumene.de; www.hochzeit-kirchlich.de; www.beziehung-leben.de; www.trauspruch.de; www.unsertag.de; www.miss-solution.com

„Trauungsmappe" der liturgischen Kommission des Bistums Eichstätt, mit vielen Anregungen und Materialien für die Gestaltung des Trauungsgottesdienstes, zu beziehen für 3.- € bei der Ehe- und Familienseelsorge der Diözese Eichstätt Telefon 0 84 21 / 5 06 11

Ich geh jetzt voll auf Risiko! Magazin für alle, die heiraten wollen, herausgegeben von der Arbeitsgemeinschaft für katholische Familienbildung, Bonn Mainzer Straße 47.

Pierre Stutz / Thomas Merz-Abt: *Trauung feiern. Ehe-Werkbuch mit Gottesdienstmodellen.* Rex Verlag 1999.

Ehejubiläen

Jedes Ehejubiläumsjahr hat
seinen eigenen Namen:

1 Jahr	Baumwollhochzeit
5 Jahre	Hölzerne Hochzeit
7 Jahre	Kupferne Hochzeit
8 Jahre	Blecherne Hochzeit
10 Jahre	Rosenhochzeit
15 Jahre	Gläserne Hochzeit

oder Kristallhochzeit

20 Jahre	Porzellanhochzeit

25 Jahre **Silberhochzeit oder Silberne Hochzeit**

30 Jahre	Perlenhochzeit
35 Jahre	Leinenhochzeit oder Leinwandhochzeit
40 Jahre	Rubinhochzeit
45 Jahre	Messinghochzeit oder Saphirhochzeit

50 Jahre **Goldene Hochzeit**

55 Jahre	Juwelenhochzeit

60 Jahre **Diamantene Hochzeit**

65 Jahre	Eiserne Hochzeit
70 Jahre	Gnadenhochzeit oder Platinhochzeit

75 Jahre **Kronjuwelenhochzeit**

Richtfest und Hebauf

Beim Bau eines Hauses wird nur noch vereinzelt nach Fertigstellung des Rohbaues der Hebauf oder das Richtfest gefeiert. Der Name Richtfest kommt von Aufrichten und Errichten des Dachstuhles. Am First wird ein Fichtenbäumchen mit bunten Bändern als Richtbaum befestigt.

Ein Zimmerer spricht den Richtspruch

Ein Zimmermann spricht einen Richtspruch als Dank an Architekt und Bauherr und als Bitte um Gottes Segen für das Haus und die künftigen Hausbewohner. Dann erhebt er auf das Wohl des Bauherrn ein Glas mit Wein oder Sekt, trinkt dieses aus und zerschmettert es am Boden, denn Scherben bringen Glück. Alle am Bau Beteiligten werden anschließend vom Bauherren zum Essen und Trinken, zum Hebauf eingeladen.

Wir wollen gratulieren,
gerichtet ist das Haus,
hat Fenster und hat Türen
und sieht gar stattlich aus.

Der Maurer hat's gemauert,
der Zimmerer überdacht;
doch dass es hält und dauert,
das steht in Gottes Macht.

Schützt auch das Dach vor Regen,
die Mauer vor dem Wind,
so ist doch allerwegen
an Gott allein gelegen,
ob wir geborgen sind.

Umzug in eine neue Wohnung bzw. in ein eigenes Haus

Der Umzug in eine andere Wohnung oder in ein eigenes Haus kann eine markante Station auf dem Lebensweg sein, zumeist mit Veränderungen, die das ganze Leben prägen. Die Segnung einer Wohnung oder eines Hauses ist ein alter christlicher Brauch. Zur Hauseinweihung kann man einen Priester oder Diakon einladen. Denkbar wäre eine religiöse Einweihungsfeier zu Beginn der allgemeinen großen Feier mit Familie, Verwandten, Freunden und Helfern.

Auf einem Tisch inmitten eines Stuhlkreises steht eine Kerze oder die häusliche Osterkerze, ein Kreuz, eine Weihrauchschale und Brot und Salz. **Weihrauch** symbolisiert als altes religiöses Zeichen das Aufsteigen von Dank- und Bittgebeten vor Gott und erfüllt die Räume mit dem Duft und der Kraft der gemeinsamen Feier. Das **Kreuz** als Symbol für Christus und unseren Glauben, der uns trägt, könnte am Ende der Feier an einer zentralen Stelle der Wohnung aufgehängt werden. Das Brot symbolisiert das zum Leben Notwendige, es steht für das leibliche, geistige und seelische Wohl der Hausbewohner. Das **Salz** steht für die Würze für das Leben, für Kraft und Ausstrahlung: Ihr seid das Salz der Erde!

Gott segne dieses Haus

Nach der *Begrüßung* und einem *Dankgebet* wäre als *Lesung* ein Bibeltext möglich, z. B. vom Haus auf dem Felsen (Lk 6, 47 - 49) oder vom Volk Gottes als lebendige Steine (1 Petr 2, 1 - 10). Beim Vorbringen des Dankes und der *Bitten* können die Teilnehmer Weihrauchkörner in die Glut legen. Während der Priester und die Familie mit der Weihrauchschale durch die Räume ziehen und diese *einräuchern*, kann ein *Danklied* gesungen werden. Nach einem gemeinsamen *Vater unser* werden Brot und Salz der Familie mit guten Wünschen überreicht und das Kreuz aufgehängt.

Ein Hinterglasbild als Haussegen

Krankheit und Krankensalbung

Krank zu sein kann etwas Unerwartetes, manchmal auch eine Katastrophe, ein Wendepunkt im Leben sein und kann für den Betroffenen Angst, Hilflosigkeit, Einsamkeit, Hinfälligkeit, Gebrechlichkeit und eine Auszeit bedeuten. Als Kranker werden wir mit der ganzen Wahrheit des menschlichen Lebens konfrontiert: Der Mensch ist nicht nur jung, schön, stark und leistungsfähig, er wird auch alt, verletzlich, ausgeliefert, hilflos, gebrechlich und sterblich. Diese schmerzliche Erkenntnis kann uns zu herausfordernden Auseinandersetzungen führen mit unserem Lebenswandel, unserem Lebensstil und unserer Lebenseinstellung. So kann Krankheit wie eine Lampe sein, die unser Leben, unsere Beziehungen und unser Tun in ein neues Licht rückt. Kranksein kann uns zu Gedanken führen um den Sinn unseres Lebens und auch um das Dasein Gottes.

In dieser existenziellen Situation bietet uns die Kirche das Sakrament der **Krankensalbung** an. In ihm legen wir unser Leben vertrauensvoll in die Hand Gottes. Einerseits beten wir hier um die Heilung der körperlichen und seelischen Krankheiten, andererseits soll uns das Sakrament helfen, die Krankheit anzunehmen und als Teil unseres Lebensweges verstehen zu können, auch im Bewusstsein unseres Sterbens, das uns alle trifft. Viele haben Angst, an ihrer Krankheit zu sterben oder die Schmerzen nicht aushalten zu können. Die Krankensalbung will und kann diese Angst bannen. Sie aktiviert auch die Kräfte des Glaubens, die oft für eine Heilung entscheidend sein können.

Bis in die 60 er-Jahre wurde das Sakrament als **Letzte Ölung** erst in der Sterbestunde gespendet. Als Sterbesakrament ist es heute noch in den Köpfen der Gläubigen. Das Zweite Vatikanische Konzil hat die eigentliche Bedeutung und den Gehalt der Krankensalbung wieder freigelegt, wie es von den Anfängen des Christentums an Tradition war: Christus, der selbst durch Leiden und Tod hindurchgegangen ist, begegnet dem Kranken in der Krankensalbung als Heiland und Arzt, um ihn zu stärken, zu trösten und aufzurichten. Es geht nicht um das Heilen durch magische Beschwörungsformeln, sondern um das Erfahren der Heilszusage Gottes. Durch die Salbung sollen Menschen die Nähe und die besondere Kraft Gottes spüren, die ihnen im Alter oder in einer Krankheit helfen kann.

Deshalb spricht der Priester bei der Krankensalbung:

„Durch diese heilige Salbung helfe dir der Herr in seinem reichen Erbarmen, er stehe dir bei mit der Kraft des Heiligen Geistes. Der Herr, der dich von Sünden befreit, rette dich, in seiner Gnade richte er dich auf."

Im Jakobusbrief (Jak 5, 14 f.) ist die Krankensalbung beschrieben:

„Ist einer von euch krank? Dann rufe er die Ältesten der Gemeinde zu sich; sie sollen Gebete über ihn sprechen und ihn im Namen des Herrn mit Öl salben. Das gläubige Gebet wird den Kranken retten, und der Herr wird ihn aufrichten; wenn er Sünden begangen hat, werden sie ihm vergeben."

Die **Krankensegnung**, ein Gebet mit Handauflegung, und die Krankensalbung sind in der evangelischen Kirche kein Sakrament, aber in Berufung auf Jakobus 5,14 ein zunehmend praktizierter Brauch für kranke und alte Menschen.

Zur Feier der Krankensalbung sollten auf einem Tischchen oder einer Ablage, für den Kranken gut einsehbar, mit einer weißen Tischdecke und Blumen eine kleine Schale mit Weihwasser und einem (Buchsbaum-) Zweig und dazu ein Teller mit etwas Watte bereitgestellt werden. Dazu kann man eine (Oster-) Kerze entzünden, und wenn vorhanden, ein Kreuz stellen oder legen. Für die Lesung kann eine Hl. Schrift bereitgelegt werden. Wird dem Kranken auch die Krankenkommunion gespendet, kann ein Glas Wasser hilfreich sein.

Angehörige und Pflegekräfte sind eingeladen, an dieser Feier teilzunehmen, das kann den Kranken und sie selbst im Glauben stärken.

Nach der *Begrüßung* und dem Besprengen mit *Weihwasser* durch den Priester und einem *Eröffnungsgebet* folgt das allgemeine *Schuldbekenntnis* und die *Vergebung* der Schuld. Anschließend folgt eine kurze *Schriftlesung,* die von einem Angehörigen vorgetragen werden kann, z. B. Psalm 23: Der Herr ist mein Hirte, Psalm 27: Hoffe auf den Herrn, oder Psalm 91: Zuflucht bei Gott. Nach den *Fürbitten* spricht der Priester ein *Dankgebet über das geweihte Öl* und *legt* dem Kranken seine *Hände auf.* Danach macht er mit dem Öl ein *Kreuzzeichen* auf Stirn und Hände des Kranken und spricht dabei obigen *Segensspruch.* Nach einem *Gebet* des Priesters sprechen alle das *Vaterunser.* Auf Wunsch können der Kranke und die Anwesenden die heilige *Kommunion* empfangen. Die Feier schließt mit dem *Segen* des Priesters.

Ist es einem Kranken, Alten oder Behinderten nicht möglich, die sonntägliche Eucharistie in der Kirche mitzufeiern, kann er zu Hause von einem Priester oder Kommunionhelfer der Pfarrgemeinde die heilige Kommunion bzw. die **Krankenkommunion** bekommen. Der Ablauf der Krankenkommunion ist ähnlich wie bei der Krankensalbung.

Die Pfarrei bietet auch für Kranke und Behinderte gemeinsame **Krankengottesdienste** an, bei denen die Krankensalbung persönlich erteilt werden kann.

Ist ein Mensch in Todesgefahr erkrankt, soll er für seinen letzten Weg gerüstet und versorgt - **„versehen"** - sein. Wird der Priester gerufen, soll der Kranke nach Möglichkeit noch bei Bewusstsein sein, um diese Zurüstung mit vollziehen zu können.

Das Krankenzimmer wird ähnlich hergerichtet wie bei der Krankensalbung, auch der Ablauf der Feier ist ähnlich. Zusätzlich kann der Kranke einen vollkommenen Ablass aller Sünden bekommen und das Bekenntnis des Glaubens wird erneuert.

Krankengottesdienst mit Krankensalbung

Sterben – Tod – Trauer

Der Tod ist die einschneidendste Situation im Menschenleben. Wir alle wissen, dass zum Leben des Menschen der Tod gehört, dass Sterben - wie die Geburt - ein elementarer Bestandteil unseres Lebens ist. Tagtäglich sterben Menschen, wir hören und lesen davon, aber wir planen und leben, als ob es den Tod nicht gäbe.

Bis zum frühen 20. Jahrhundert lebten die Menschen bewusster im Angesicht des Todes, während in unserer Zeit mit zunehmender Individualität, Anonymität, Säkularisierung und Kirchenferne der Tod und das Sterben immer mehr verdrängt und tabuisiert werden.

Sterben und Tod waren früher öffentliche Ereignisse, an denen alle Angehörigen, die Nachbarschaft und die ganze Dorfgemeinschaft Anteil nahmen. Beim **Versehgang** läuteten die Glocken, der Pfarrer kam zum Sterbenden, um ihm das Sakrament der Wegzehrung zu bringen und dabei mit dem Sterbenden und den Angehörigen zu beten. Mit dem **Scheidungsläuten** wurde der Tod allen mitgeteilt. Der Verstorbene wurde von den eigenen Leuten gewaschen, gekämmt, angekleidet und in den Sarg gelegt.

Ihm wurden die Augenlider geschlossen, das Kinn hochgebunden und die Hände zusammengelegt und mit einem Kreuz oder einem Rosenkranz versehen. Der Tote wurde offen im Haus zwischen Blumen, Blattpflanzen und brennenden Kerzen aufgebahrt, man hielt die **Totenwache** und betete miteinander die Sterbegebete. Von der Trauergemeinde wurde der Tote vom Sterbehaus zum Friedhof geleitet. Die Nachbarn trugen bei der Beerdigung den Sarg, versenkten ihn in das Grab und schaufelten das Grab zu.

Bis vor ca. 50 Jahren wurde der Tote zu Hause aufgebahrt.

Dieses direkte Erleben des Todes und diese Art der Anteilnahme ist uns heute weitgehend abhanden gekommen. Professionelle Dienste nehmen uns diese Trauerarbeit und diesen konkreten Umgang mit Sterben und Tod ab. Der Tod wurde mehr und mehr zum Dienstleistungsgeschäft, er wurde an Bestattungsunternehmen und Friedhofsverwaltungen delegiert und aus dem häuslichen Bereich verdrängt. Vielleicht ist dies einer der Gründe, warum die Religiosität der Menschen heute schwindet und wir uns den existentiellen Fragen des Todes und den Fragen des „Danach" nicht mehr stellen, und Tod und Sterben in unserem alltäglichen Leben abschieben und verdrängen?

Sterbevorbereitung und -begleitung

Zum Annehmen des Sterbens gehört auch eine frühzeitige Regelung der letzten Dinge: Testament erstellen, Frage der Organspende klären, Patienten- und Betreuungsverfügung oder Vollmacht festlegen, Wünsche zur Gestaltung der Beerdigung und des Grabes niederschreiben.

Das Sterben daheim im Kreise der Familie unter Stärkung des Sakramentes der Krankensalbung und dem Gebet der Nachbarn war bestimmt humaner als das Sterben in einem anonymen Sterbezimmer des Krankenhauses. Noch sterben 55% der deutschen Bevölkerung in einem Krankenhaus, 30% in stationären Pflegeeinrichtungen und lediglich 10% zu Hause. Deshalb werden heutzutage in den Pfarreien ehrenamtliche **Hospizhelfer** ausgebildet, die die Sterbenden in menschlicher Weise begleiten sollen.

Wichtig ist, einen sterbenden Menschen nicht allein zu lassen. Die meisten Menschen wünschen in vertrauter Umgebung zu sterben, begleitet von den nächsten Angehörigen und Freunden. Man kann Blumen auf den Tisch stellen, eine Bild- oder Spruchkarte, eine Duftlampe, eine Kerze anzünden und dem Sterbenden nahe sein, auch in körperlichem Kontakt durch Handhalten oder Streicheln und mit ihm laut und deutlich beten und ihm das Kreuzzeichen machen, evtl. auch dem Sterbenden vertraute Lieder singen oder summen oder einfach in Stille da sein.

Wenn es der Sterbende wünscht, sollte man einen Seelsorger rufen und ihm auch den Empfang der Sterbesakramente (früher „Versehen") möglich machen: Das Sakrament der Versöhnung in der Beichte, der Krankensalbung und der Wegzehrung mit der hl. Kommunion, bei evangelischen Christen das Abendmahl. Dazu kann im Zimmer des Sterbenden ein Kreuz, eine Kerze, Weihwasser und ein Glas Wasser auf einem weiß gedeckten Tisch hergerichtet werden. Angehörige und enge Freunde sollten an dieser Feier teilnehmen. Sterbegebete finden sich im Gotteslob Nr. 12 und Nr. 78 – 79 und im Evangelischen Gesangbuch Nr. 831 – 840 und Nr. 376.

Da die Riten und Bräuche beim Sterben in den verschiedenen Religionsgemeinschaften und Weltreligionen unterschiedlich sind, kann bei anderen Religionsgemeinschaften die Informationsbroschüre „Krankheit, Leiden, Sterben, Tod" der Arbeitsgemeinschaft der christlichen Kirchen in Baden-Württemberg empfohlen werden: ACK, Stafflenbergstr. 46, 70184 Stuttgart, Telefon 07 11 / 24 31 14, *http://ack-bw.de*

Todesbescheinigung

Nach Eintritt des Todes muss der Arzt spätestens nach vier Stunden informiert werden. Er muss bei der Leichenschau den „natürlichen" Tod feststellen und den **Totenschein** ausstellen, damit der Leichnam zur Bestattung freigegeben werden kann.

Verfügungen des Verstorbenen sollten berücksichtigt werden, z. B. Organ- oder Körperspende, Vorsorgevollmacht, Bestattungsvorsorge und -wünsche.

Abschiednehmen

Für die Angehörigen ist es wichtig und heilsam von ihrem Verstorbenen intensiv Abschied zu nehmen. Der Tote darf mindestens 24 Stunden in der Wohnung bleiben, so dass genügend Zeit ist, sich in Ruhe und Achtung vor dem Toten zu verabschieden. In die Nähe des Verstorbenen kann man eine Kerze, evtl. seine Taufkerze oder Osterkerze, und Weihwasser stellen, Blumen oder einen ihm wichtigen persönlichen

Gegenstand legen. Man kann in einer kleinen gemeinsamen Feier oder im Alleinsein jedes Familienmitgliedes am Bett des soeben Verstorbenen Abschied nehmen. Dabei kann man sich an den Lebensweg des Verstorbenen erinnern, sich bei ihm bedanken, um Verzeihung, Vergebung und Versöhnung bitten, ein Vater unser beten, ihn im Gebet dankbar in die Hand Gottes übergeben. Wir können unserem Verstorbenen zum Abschied die Hand berühren, ihn und seine Haare streicheln, ein Kreuzzeichen auf seine Stirn machen, uns still verneigen vor ihm. Für das Abschiednehmen ist es gut, wenn Angehörige in diesem intimen Rahmen ihre Scheu vor dem Tod überwinden und ihre Gefühle ehrlich und offen zulassen. Ein gutes Abschiednehmen ist unersetzlich.
Kinder sollten beim Tod eines Familienmitgliedes unbedingt mit einbezogen werden. Sie können dem Toten ein für ihn gemaltes Bild oder einen Brief mitgeben.

Ein wichtiger Abschiedsschritt und ein letzter Liebesdienst am Verstorbenen kann es sein, bei der Versorgung und beim Herrichten des Toten, bei Einkleidung und Einsargung, und der Aufbahrung des Leichnams durch den Bestatter selbst unterstützend mitzuwirken.

Abschiednehmen und Verweilen beim Toten ist wertvoll und unwiederbringlich. Leider ist es heute nicht mehr üblich, die **Totenwache** mit Gebet und Stille zu halten. Auch der alte Brauch der **Aussegnung** vor der Überführung des Leichnams in das Leichenhaus als Feier der Verabschiedung durch die Angehörigen findet kaum noch statt. Eine Aussegnung könnte auch heutzutage im Trauerhaus oder im Zimmer des Krankenhauses oder des Pflegeheimes statt finden, vor der üblichen Abholung durch das Bestattungsunternehmen. Das Entzünden einer Kerze, evtl. einer Osterkerze erinnert an Christus als das Licht der Welt. Man kann dazu einen Psalm beten, z.B. „Beim Herrn ist Barmherzigkeit und reiche Erlösung" (Gotteslob Nr. 82) oder „Der Herr vergibt die Schuld und rettet unser Leben" (Gotteslob Nr. 83) und ein Gebet für den Verstorbenen sprechen, z.B. Gotteslob Nr. 35. Als Zeichen des Abschiedes kann man eine Blume ablegen, einen Brief oder ein Bild eines Kindes, oder dem Toten die Hand streicheln. Nach einem gemeinsam gebeteten „Vater unser" und einem „Gegrüßet seist Du Maria" kann man den Abschiedssegen sprechen, wie z. B.:

> *„Lebendiger Gott, wir geben unsere N.N. in deine Hände. Geleite sie durch das Dunkel des Todes zum Licht der Auferstehung. Gib ihr den Frieden und ein ewiges Leben. Es segne dich N.N. und uns alle Gott, der Vater und der Sohn und der Heilige Geist. Amen."*

Dabei kann man mit Weihwasser dem Toten auf Stirn, Lippen und Brust ein Kreuzzeichen machen.

Vorbereitung der kirchlichen Begräbnisfeier

Für die Vorbereitung der kirchlichen Begräbnisfeier wird mit dem zuständigen Pfarrer bzw. Pfarramt ein Termin für das **Trauergespräch** im Pfarrhaus oder im Trauerhaus vereinbart. Die Angehörigen berichten dabei in einem Lebensrückblick von Wesen und Charakter, Leben und Sterben ihres Toten. Der Seelsorger kann dann die richtigen Worte für die Predigt und die Auswahl der Texte für die Begräbnisfeier finden. Auch die Gestaltung der Bestattung, die Auswahl der Lesungen, der Lieder und der Fürbitten, und ob ein **Sterberosenkranz** der Pfarrgemeinde gewünscht ist, kann gemeinsam besprochen werden. Kirchenmusiker und Mesner werden dann vom Pfarramt benachrichtigt. Bei diesem Gespräch zwischen Tod und Begräbnis können die Trauernden auch von ihrem Seelenschmerz, ihrer Trauer, ihren Beziehungen zu dem Toten und ihrer Dankbarkeit erzählen.

In der Kirche wird vor einer Messe das **Scheidungsgebet** der Pfarrgemeinde gebetet und dazu mit einer Glocke geläutet, das **Scheidungsläuten**.

Benachrichtigungen

Trotz hoher emotionaler Belastung müssen die Angehörigen in der Zeit zwischen Tod und Begräbnis vieles regeln und entscheiden.

Das **Bestattungsunternehmen** übernimmt zwar heutzutage alle mit dem Todesfall verbundenen behördlichen und organisatorischen Erledigungen, aber man sollte sich schon überlegen, was man selbst für seinen Angehörigen tun und gestalten will und kann, und womit man den Bestatter beauftragt.

- Die nächsten **Verwandten** und die Nachbarn werden zumeist selbst (telefonisch) verständigt.
- Der Termin für das Trauergespräch mit dem **Pfarrer** wird in der Regel auch selbst vereinbart.
- Zumeist übernimmt der **Bestatter** Einsargung, Überführung und Aufbahrung im Leichenhaus. Auch Sarg, Sargausstattung und das Grabkreuz werden bei ihm ausgewählt.
- Beim Bestatter oder direkt bei der Gärtnerei wird man den **Blumenschmuck** für das Grabkreuz, für das Leichenhaus, für den Sarg (Sargbukett) und für das Grab (Kranzschleifen-Beschriftung) bestellen.
- Gestaltung und Druck der **Todesanzeige,** der **Sterbebilder** und der **Danksagung** können Bestatter oder Zeitung bzw. Druckerei übernehmen.
- Das **Standesamt** des Sterbeortes stellt die Sterbeurkunden aus und benötigt dazu den Totenschein, die Geburtsurkunde, Heiratsurkunde oder Familienstammbuch, den Personalausweis, bei Geschiedenen das Scheidungsurteil, bei Verwitweten die Sterbeurkunde des Ehepartners.
- Ist der Tote auswärts gestorben, muss die bisherige Wohngemeinde benachrichtigt werden.
- Bei der **Friedhofsverwaltung** der Gemeinde muss das Grab ausgesucht werden oder die Neubelegung, die Graböffnung und -schließung und der Beerdigungstermin angezeigt werden. Auch die Gestaltung der Leichenhalle (Weihwasser, Blumen, Kerzen) und die **Sargträger** (Friedhofspersonal oder Nachbarn o.a.) können vereinbart werden.
- **Musiker oder Sänger** für den Trauergottesdienst und die Bestattung werden meist von den Angehörigen selbst engagiert.
- Auch die **Berufskollegen** und die **Vereine,** in denen der Tote aktiv war, werden in der Regel von Angehörigen benachrichtigt, da auch Grabreden und Teilnahme am Trauermahl vereinbart werden.

Im folgenden eine **Liste der Personen und Institutionen,** die **vom Tode benachrichtigt werden** müssen:

- Unfallversicherung und Lebensversicherungen: sofort innerhalb 24 – 48 Stunden benachrichtigen mit Sterbeurkunde und Versicherungspolice
- Arbeitgeber: Sterbeurkunde
- Krankenversicherung bzw. Krankenkasse: Sterbeurkunde, wegen Sterbegeld und Familienhilfe
- Rentenversicherung: Sterbeurkunde, evtl. Hinterbliebenenrente beantragen
- Bank, Geldinstitute: Sperrung der Konto, Daueraufträge, Darlehen; Vollmacht für Ehepartner oder Angehörigen?
- Versicherungsgesellschaften: fristlose Kündigung
- Vermieter: Wohnung kündigen
- Postamt: Adresse für noch eingehende Post
- Fernmeldeamt bzw. Telefonanbieter: Abmeldung
- Versorgungsamt: bei Rentenbezug
- Nachlassgericht/Amtsgericht: Sterbeurkunde; Testament, Erbvertrag, Testamentseröffnung, Erbschein
- Abonnements, z. B. Zeitungen kündigen

Todesanzeige

Die Todesanzeige in der örtlichen Tageszeitung gibt der Öffentlichkeit den Tod eines Menschen bekannt. Sie enthält eine kurze Würdigung des Verstorbenen, Namen, Geburtsdatum und Sterbedatum, die Namen der Angehörigen, Wohnort, Termine und Ort des Sterberosenkranzes bzw. des Totengebetes, des Trauergottesdienstes und der Beerdigung und evtl. einen Spendenhinweis.

Musterbeispiele findet man bei den Bestattungsunternehmen oder bei einer Druckerei. Da die Todesanzeige auch etwas über die Lebenshaltung des Verstorbenen und die Trauer der Hinterbliebenen aussagen kann, sollte man bei der Gestaltung auf einen angemessenen, persönlichen und individuellen Stil achten. Eine christlich gestaltete

Todesanzeige ist ein Zeugnis des Abschiedes, der Dankbarkeit, des Heimgangs zum Schöpfer und Vater, des Glaubens an die Auferstehung und der österlichen Hoffnung auf ein ewiges Leben bei Gott. Dies kommt auch in christlichen Symbolen, wie z. B. Kreuz, Osterkerze, Ähre, Hand oder einem Schriftwort oder einem Psalm zum Ausdruck.

Beispiele:

> *Der Herr ist mein Hirte, mir wird nichts mangeln.*
> *Meine Zeit steht in Deinen Händen.*
> *Er hat seinen Engeln befohlen, dass sie dich behüten auf allen deinen Wegen.*
> *Jesus spricht: Ich bin die Auferstehung und das Leben. Wer an mich glaubt,*
> *der wird leben, auch wenn er stirbt.*
> *Wer an den Sohn glaubt, der hat das ewige Leben. (Joh. 3,36)*
>
> *Für uns ist der Tod nicht das Ende, sondern der Anfang wahren Lebens.*
> *Er ist doch nicht der Gott der Toten,*
> *sondern der Gott der Lebenden. (Matth. 22,32)*

Ich sage euch:
Wer glaubt, hat das ewige Leben.
(Joh 6,47)

In Liebe und Dankbarkeit
nehmen wir Abschied
von unserer lieben Mutter, Großmutter,
Schwester, Tante und Patin

Christine N.

Nach einem erfüllten Leben ist sie im Alter von 77 Jahren
zum himmlischen Vater heimgekehrt.

München, 22.6.2002   In stiller Trauer:
Josef N.
im Namen aller Angehörigen

Rosenkranz am 25.6. um 19.00 Uhr in der Pfarrkirche St. Anna
Trauergottesdienst am 26.6., 11.00 Uhr in der Pfarrkirche St. Anna
anschließend Beerdigung im Nordfriedhof

aus: Christliches Sterben - Eine Hilfe für Trauernde. Erzb. Ordinariat München 2002

Sterbebild

Das Sterbebild hält das Andenken an den Verstorbenen lebendig, gibt den Trauernden Trost, drückt die Hoffnung auf die Auferstehung aus und lädt zum Gebet für den Verstorbenen ein. Ursprünglich war es eine Einladung zur Fürbitte und zum stillen Gebet für den Verstorbenen.

Neben dem Bild des Verstorbenen und den knappen Lebensdaten finden sich meist ein kurzes Gebet, ein Schriftwort oder ein Spruch und eine Aufforderung zur Fürbitte. Als Bild für die Vorderseite wird in der Regel ein Motiv gewählt, das dem Verstorbenen wichtig war.

Die Sterbebilder werden im Trauergottesdienst an die Beerdigungsteilnehmer entweder mit der Opfergabe oder am Kircheneingang verteilt.

*Ihr, die ihr mich
so geliebt habt,
seht nicht auf das Leben,
das ich beendet haben,
sondern auf das,
welches ich beginne.
(Augustinus)*

*Foto des
Verstorbenen*

Gedenket im Gebete

Vor- und Zuname
Geburts- und Sterbedatum

Gott ist die Liebe

Blumen, Trauerkranz, Kranzschleifen

Blumen sind Zeichen des Lebens, Zeichen der liebevollen Beziehung zum Verstorbenen und Botschafter des Mitgefühls.

Das Grün des Kranzes symbolisiert die Hoffnung und den Kreislauf des Lebens. Seine Kreisform ohne Anfang und Ende drückt sinnbildlich die Ewigkeit und das Unvergängliche aus, die ewige Verbundenheit mit dem Verstorbenen. Überall auf der Welt ist der Kreis Sinnbild für den ewigen Zyklus Werden, Sein und Vergehen. Der Kranz meint: Ich vergesse dich nicht!

Blumen- und Kranzschleifen weisen auf die Verbundenheit mit dem Verstorbenen hin, können auch Dankbarkeit und die Hoffnung auf ein Leben bei Gott ausdrücken.

Beispiele:

Unserer lieben Oma – In Liebe – In Dankbarkeit – Lebe in Christus – In Gebet und stillem Gedenken – Aus Gottes Hand - In Gottes Hand.

Die kirchliche Begräbnisfeier

Die kirchliche Begräbnisfeier mit Erdbestattung findet in der Regel in drei Stationen statt: Eucharistiefeier in der Kirche, Aussegnung in der Leichenhalle und Begräbnis am Grab.

Die Eucharistiefeier für den Verstorbenen, auch Requiem oder **Trauergottesdienst** oder Seelenmesse oder Begräbnismesse genannt, ist das Kernstück einer christlichen Totenfeier. In der Eucharistiefeier wissen sich die trauernden Christen mit ihren Verstorbenen über den Tod hinaus verbunden. Wir feiern hierbei die Mitte unseres Glaubens, den Tod und die Auferstehung Jesu Christi und sagen Dank für unsere Hoffnung auf das ewige Leben. Als wichtigstes Symbol dafür, wird die Osterkerze als Sinnbild des Auferstandenen im Chorraum entzündet.

Während die katholische Feier eher ein Gottesdienst mit und für die Toten ist, richtet sich die evangelische in erster Linie an die Hinterbliebenen.

In der Leichenhalle verabschieden sich die trauernden Angehörigen und die versammelte Gemeinde am Sarg von dem Verstorbenen. Das Besprengen des Sarges mit Weihwasser und die gebeteten Psalmen und Bittrufe machen deutlich, dass unser Verstorbener bei Gott geborgen ist und wir mit ihm über den Tod hinaus verbunden bleiben.

In einer Prozession, mit dem Kreuz voraus, geleitet die Trauergemeinde den Sarg zum Grab. In der Begleitung auf dem letzten Weg eines Menschen erweist die christliche Gemeinde dem Verstorbenen noch einmal den Dienst sichtbarer Gemeinschaft. Das Totengeleit ist auch ein Dienst aus dem Glauben, getragen von der Zuversicht, dass der Verstorbene in Gottes Hand geborgen ist.

Der Priester segnet das Grab und nach einem Gebet wird der Sarg ins Grab gesenkt:

> *„Wir übergeben den Leib der Erde. Christus, der von den Toten auferstanden ist, wird auch unseren Bruder / unsere Schwester zum Leben erwecken."*

Die christliche Hoffnung auf Auferstehung steht im Mittelpunkt der anschließenden kurzen Schriftlesung und der folgenden Zeremonien. Das Besprengen mit Weihwasser weist darauf hin, das der Christ bereits durch die Taufe für das ewige Leben bestimmt wurde.

Weihrauch als Zeichen der Ehrung erinnert daran, dass der Verstorbene in der Taufe zum Tempel des Heiligen Geistes geworden ist.

Das Werfen von Erde auf den Sarg macht deutlich, dass der Mensch von der Erde genommen ist und wieder zur Erde zurückkehrt.

Das Grabkreuz wird als Zeichen der christlichen Hoffnung und des Glaubens an die Auferstehung über dem Grab aufgerichtet.

Es folgen Gebete und Fürbitten für den Verstorbenen und für alle Verstorbenen und Lebenden, in denen Hoffnung und Zuversicht auf die Auferstehung der Toten zum Ausdruck gebracht werden.

Die kirchliche Feier am Grab schließt mit:

> *„Herr, gib ihm/ihr und allen Verstorbenen die ewige Ruhe. Und das ewige Licht leuchte ihnen. Herr lass sie ruhen in Frieden. Amen."*

Anschließend können Dankes- und Abschiedsworte gesprochen werden. Darauf verabschieden sich alle Anwesenden von dem Verstorbenen, indem sie den Sarg mit Weihwasser besprengen (katholisch) oder eine Schaufel Erde auf den Sarg werfen (evangelisch). Den Angehörigen kann persönlich das Beileid ausgesprochen werden.

Bei der **Feuerbestattung** wird nach dem Trauergottesdienst in der Aussegnungshalle ähnlich wie bei der Erdbestattung Abschied vom Verstorbenen genommen. Die Urne wird im Grab oder einer Urnenwand mit ähnlichen Riten beigesetzt.

Frisches Grab mit Grabkreuz und Blumenschmuck

Unterschiedliche Bestattungsformen

Die **Erdbestattung** ist nach wie vor die christliche Bestattungsform im Sinne von Genesis 3, 19: *„Du bist Erde und sollst zu Erde werden."*
Sie ist in Deutschland immer noch die häufigste Form der Bestattung (55 Prozent). Der tote Leib des Menschen ist nicht nur Hülle, sondern gehört wesentlich zu seiner Personalität. Für Christen bedeutet die Beerdigung des Leibes eine Würdigung der Schöpfung Gottes. Angehörige und Bekannte des Verstorbenen ehren seinen Leib und denken dabei an die Wiederkunft Christi und die Auferstehung der Toten. Die Rituale der Beerdigung wie Trauerzug, Gebete und Gesänge am Grab und das Hinablassen des Sarges helfen den Angehörigen in ihrem Trauerprozess. Deshalb empfiehlt die Kirche die Erdbestattung.

Seit die Kirche in den 60er Jahren das Verbot der **Feuerbestattung** aufgehoben hat, nimmt die Urnenbeisetzung immer mehr zu; meist aus praktischen Gründen, um den Hinterbliebenen Kosten und die Grabpflege zu ersparen. Die Asche des Toten kann auch in einem Friedwald an den Wurzeln eines Baumes eingebracht werden, sie kann von einem Flugzeug bzw. Ballon aus oder über namenlose Grabfelder verstreut werden oder in einer wasserlöslichen Urne in der Ost- oder Nordsee versenkt werden. Neben der anonymen Bestattung sind inzwischen auch Weltraumbestattungen mit einer Rakete möglich oder die Pressung der Asche zu einem Diamanten.

An den möglichen verschiedenartigsten Bestattungsformen zeigt sich sehr deutlich, wie feste, traditionelle Brauchtumsformen in beliebige, individuell ausgewählte, auch anonyme Formen übergehen.

Totenmahl, „Leichenschmaus"

Gemeinsames Essen verbindet. Der Leichenschmaus der Angehörigen, Verwandten, Freunde und Berufskollegen schafft den Rahmen für Erzählungen und Erinnerungen an den Verstorbenen. Durch die Erzählungen erhält der Verstorbene noch einmal Name und Gesicht. Die Trauernden erfahren im gemeinsamen Essen Solidar-Gemeinschaft und das Erlebnis des Teilens, auch der Trauer. Danach gehen in der Regel die Angehörigen nochmals an das Grab, das inzwischen geschlossen und mit Kränzen und Blumen geschmückt wurde.

Trauer danach – Trauerbegleitung – Gedächtnisgottesdienste

Früher drückte schwarze Kleidung aus, dass sich ein Mensch in Trauer befand und der Rücksichtnahme bedarf. Diesen eindeutigen Symbolcharakter hat schwarze Kleidung heutzutage verloren. Früher war auch genau festgelegt, wie lange die engeren und weiteren Angehörigen des Toten in schwarzer Trauerkleidung gehen mussten, so bei einem verstorbenen Elternteil z. B. ein Jahr. Auch wurden in kürzeren und längeren Zeitetappen Messen für den Verstorbenen gelesen, bei denen sich die Angehörigen, die Verwandten und die Freunde trafen: beim Siebent-, Dreißigst- und Jahresgottesdienst. So wäre es auch heute noch sinnvoll und angebracht, eine

Monatsmesse (eher auf dem Dorf noch üblich) und eine Jahresmesse als Gedächtnisgottesdienst zu feiern.

In einigen Pfarrkirchen liegt ein **Totenbuch** aus, in dem die Sterbebilder der Verstorbenen eingeheftet sind. Auch werden im folgenden Sonntagsgottesdienst die Namen der in der letzten Woche Verstorbenen genannt und diese in das Fürbittgebet eingeschlossen..

Als Zeichen der persönlichen Trauer kann man daheim ein Bild des Verstorbenen aufstellen und davor eine Kerze entzünden. Durch einen Grabbesuch und durch die Pflege und den Schmuck des Grabes oder durch eine heilige Messe am Namenstag, Geburtstag oder Todestag kann man die Verbundenheit mit dem Verstorbenen zeigen.

Marterl-Brauch

Bei einem Unfalltod ist es ein alter Brauch, an der Stelle, an der jemand zu Tode gekommen ist, ein Marterl bzw. ein Kreuz zu errichten. Dieser Brauch wird heute insbesondere bei tödlichen Verkehrsunfällen gepflegt. Zumeist sind bei dem Kreuz Blumen und ein Grablicht.

Marterl für eine tödlich verunglückte junge Frau

Marterl für einen tödlich verunglückten Grundschüler

Heutzutage wird dem Trauern öffentlich kaum Raum und Zeit gegeben. Schon kurze Zeit nach der Beerdigung muss man im Beruf und im Alltag wieder funktionieren.

Jeder von uns wird mitten im Leben vom Tod konfrontiert und geht dann seinen oft weiten, eigenen **Weg des Trauerns,** in unterschiedlichen Schritten und unterschiedlich schnell. Um die Trauernden bei dieser wichtigen individuellen **Trauer-„arbeit"** nicht allein zu lassen, werden in einigen Pfarreien und von Hospizvereinen eigene Begegnungstage und Gruppengespräche für Angehörige von Verstorbenen angeboten, in einigen Orten auch eigene Trauer-Cafes. Allein die Erfahrung, dass auch andere mit den gleichen Gefühlen und Gedanken kämpfen, ist für viele schon eine Hilfe. In der Pfarrei in Buchloe bekommen die trauernden Angehörigen nach einem Monat über das Wohnviertelapostolat einen Trauerbrief und an Weihnachten einen Weihnachtsstern. Jährlich wird im Oktober für Trauernde ein Rosenkranz für die Verstorbenen gestaltet.

Einige hilfreiche Grundprinzipien für einen natürlichen Umgang und eine einfühlsame Begleitung von Trauernden:

- Das wichtigste ist, sich **Zeit zu nehmen,** für den Trauernden, für ihn da sein, ihn erzählen lassen, vor allem die Minuten des Sterbens, und ihm zuzuhören!
- Als **Zeichen der Anteilnahme** ihm möglicherweise die Hand halten, ihn umarmen, ihm eine Karte schicken, ihn nicht allein lassen.
- Statt den Ratschlägen „Du musst nach vorne schauen! Lass das Vergangene ruhen! Denk an Dich! Du musst kleine Schritte machen!...", höchstens Vorschläge machen und immer wieder **nachfragen,** was gut sein könnte für ihn, und wie und wo man helfen könnte, evtl. praktische Hilfen anbieten, wie Kinder betreuen, Essen kochen und Kuchen backen.
- Nicht allzu schnell tröstende Worte geben wie „Es war ja besser so!", aber auch nicht verlegen sein um Worte und **nicht ausweichen,** denn keiner erwartet perfekte Worte.

- Wichtig ist, den Trauernden in seinen **individuellen Trauererfahrungen ernst zu nehmen** und ihn wert zu schätzen.
- Auf grundlegende existentielle Fragen wird es oft keine Antwort geben, weil es für Trauernde beim Tod eines geliebten Menschen oft auch keine zufriedenstellende gibt und jeder letztendlich seinen Lebenssinn und seinen Glauben hinterfrägt: „Was ist der Mensch, wohin geht er?"

Grabgestaltung

Wer heute über einen Friedhof geht, kann an den Grabstätten den Verlust religiöser Traditionen ablesen. Christliche Symbole erleben einen Rückgang, das Kreuz wird ersetzt durch Kugeln, Vögel, Pomp-Vasen, abdeckende Platten und Trauerfiguren.

Nach wie vor ist ein einfacher Grabstein mit einem Kreuz, einer Weihwasserschale und einem Grablicht oder ein schlichtes schmiedeeisernes Kreuz mit einer Blumen- und Immergrün-Bepflanzung die einfachste und sinnvollste Form der christlichen Grabgestaltung.

Grab des Buchloer Lehrers und Heimatforschers Rudolf Rietzler

Danksagung

Einige Tage nach der Bestattung ist es üblich neben persönlichen Danksagungen eine allgemeine Danksagung in der örtlichen Tageszeitung zu bringen. Dabei wird allen gedankt von der Kranken- und Sterbebegleitung bis zu den kirchlichen Diensten. Musterbeispiele hat die Zeitungs-Geschäftsstelle.

Alles hat seine Stunde. Für jedes Geschehen unter dem Himmel
gibt es eine bestimmte Zeit:
eine Zeit zum Gebären und eine Zeit zum Sterben,
eine Zeit zum Pflanzen und eine Zeit zum Abernten der Pflanzen,
eine Zeit zum Töten und eine Zeit zum Heilen,
eine Zeit zum Niederreißen und eine Zeit zum Bauen,
eine Zeit zum Weinen und eine Zeit zum Lachen,
eine Zeit für die Klage und eine Zeit für den Tanz;
eine Zeit zum Steinewerfen und eine Zeit zum Steinesammeln,
eine Zeit zum Umarmen und eine Zeit, die Umarmung zu lösen,
eine Zeit zum Suchen und eine Zeit zum Verlieren,
eine Zeit zum Behalten und eine Zeit zum Wegwerfen,
eine Zeit zum Zerreißen und eine Zeit zum Zusammennähen,
eine Zeit zum Schweigen und eine Zeit zum Reden,
eine Zeit zum Lieben und eine Zeit zum Hassen,
eine Zeit für den Krieg und eine Zeit für den Frieden.

Kohelet 3, 1 - 8

Angaben zu verwendeten Quellen, Medien und Literatur

Internetadressen

www.advent-ist-im-dezember.de
www.allgaeu-bilder.de/gallery/verkehrsamt_schwangau/brauchtum/index.htm
www.aufdanken.at
www.brauchtum.de
www.brauchtumsseiten.de
www.brauchwiki.de
www.daskirchenjahr.de (alle christlichen Feste im Kirchenjahr)
de.wikipedia.org
www.ehevorbereitung-muenchen.de
(Wegweiser für verschiedene Varianten der Trauung)
www.ein-engel-für-dich.de
(für Eltern eines neugeborenen Kindes und für die Taufgestaltung)
www.festgestaltung.de
www.festjahr.de
www.fruehgeborene.de (für Eltern eines frühgeborenen Kindes)
www.german-easter-holiday.com
www.heilige.de, www.namenspatrone.de, www.heiligenlexikon.de
(zur Findung des Namens für ein Kind und für Heiligenfeste und Namenstage)
www.heimat-bayern.de
www.katechumenat.de
www.katholisch.de
www.kirchenweb.at
www.kirchlich-heiraten.info, www.trauspruch.de (für Heiratswillige)
www.liturgie.ch
www.medienwerkstatt-online.de
www.pfronten.de (Pfronten erleben - Geschichte & Brauchtum)
www.schmetterlingskinder.de, www.engelskinder.de, www.initiative-regenbogen.de
(für Eltern, die ihr Kind durch eine Fehl-, Früh- oder Totgeburt oder kurz nach
der Geburt verloren haben)
www.tourismus-unterallgaeu.de (Kultur – Sitten&Gebräuche)
www.trauernetz.de (Angebote der evangelischen Kirche für Trauernde)
www.volkskultur.steiermark.at

Bildnachweis

Herbert Sedlmair: S. 11, 16, 33, 37, 46, 53, 56, 57, 61, 68, 80, 85, 96, 99, 109, 122, 125, 129, 132, 134, 151, 152, 155, 156, 158, 162, 166, 167, 181, 186, 190, 193, 195, 198, 199, 200, 204, 215, 217.

Heinrich Meichelböck: S. 12, 13, 22, 27, 30, 31, 36, 38, 40, 41, 42, 43, 44, 45, 52, 60, 65, 66, 67, 83, 87, 91, 92, 94, 119, 120, 131, 133, 141, 165.

Michael Heider: S. 184, 185, 186, 188, 192, 193, 194, 195, 196.

Athanasius Würstle: S. 17, 114.

Franz Nusser: S. 24, 50, 55, 68, 81, 95, 100.

Margit Tröbensberger: S. 146, 220.

Margot Waggin: S. 105, 106.

Josef Dempf: S. 69.

Franz Barta: S. 90.

Herbert Stumpe: S. 127.

Helga Bernhard: S. 168.

Christian Fait: S. 173.

Christa Rietzler: S. 219.

Pfarrbriefservice.de: Johannes Simon S. 111, 20; Klaus Herzog S. 34; Johann Andorfer S. 71; Hans Heindl S. 203.

Schnitzerdruck Marktoberdorf: S. 212.

Tänzelfestverein Kaufbeuren: S. 74.

Ruethenfestverein Landsberg: S. 75.

Stadt Mindelheim: S. 76.

Stadt Memmingen: S. 77.

Fischertagsverein Memmingen: S. 78.

Pfronten Tourismus, E. Reiter: S. 88, 89.

Flyer der Pfrontner Liste von Philipp Hechenberger/Claudia Stark: S. 18.

Gemeinde Schwangau/Ostallgäu, www.schwangau.de/presse: S. 93.

Volksschule Markt Rettenbach: S. 26.

Vivat!-Katalog der St. Benno Buch- und Zeitschriftenverlagsgesellschaft, Leipzig: S. 79.

Anton J. Brandl, München: S. 70.

Lutz Röhrlich: Lexikon der sprichwörtlichen Redensarten. Freiburg 1973: S. 38.

Regierung von Schwaben: Schule und schwäbische Heimat Nr. 4/1988: S. 49.

Erzbischöfliches Ordinariat München: Christliches Sterben - Eine Hilfe für Trauernde. München 2002: S. 211.

Literaturangaben

Albert Bichler: Wie's in Bayern Brauch ist. München 2006.

Christa Holtei und Tilman Michalski: Das große Familienbuch der Feste und Bräuche. Ostfildern 2005.

Claudia und Ulrich Peters: Das große HausFamilienFesteFeierbuch. Ostfildern 2007.

Claudia Pfrang und Marita Raude-Gockel: Das große Buch der Rituale. Den Tag gestalten. Das Jahr erleben. Feste feiern. Ein Familienbuch. München 2009 (Eine „Schatzkiste" für Familien mit Kindern von 3 bis 12 Jahren; dazu gibt es eine CD mit Liedern von Kathi Stimmer-Salzeder).

Deutsche Bischofskonferenz: Christliche Bestattungskultur – Orientierungen und Informationen. Bonn 2004.

Dietz-Rüdiger Moser: Bräuche und Feste durch das ganze Jahr – Gepflogenheiten der Gegenwart in kulturgeschichtlichen Zusammenhängen. Freiburg 2002.

Dr. Adolf Spamer / Dr. Eduard Craß: Deutsches Brauchtum im Lebenslauf. Leipzig 1935.

Erni Kutter: Schwester Tod - Weibliche Trauerkultur, Abschiedsrituale, Gedenkbräuche, Erinnerungsfeste. München 2010.

Gertrud Weidinger: Mit Kindern das Kirchenjahr erleben – Christliche Feste feiern und verstehen. Augsburg 1998.

Gotteslob Katholisches Gebet- und Gesangbuch. Herausgegeben von den Bischöfen Deutschlands. Auer-Verlag Donauwörth.

Gudrun Hetzel-Kiefner: Die schönsten Bräuche für Kinder. Ravensburg 1990.

Herbert Rauchenecker: Heil(ig)es Brauchtum? – Vom heutigen Umgang mit Bräuchen. München 1998.

Herbert Rauchenecker: Licht- und Feuerbräuche – Zeichen der Lebenssuche und der Lebensfreude. München 2003.

Hermine König: Das große Jahresbuch für Kinder. Feste feiern und Bräuche neu entdecken. München 2007 bzw. 2010.

Hermann Garritzmann, Leopold Haerst und Heinrich Heming: Durch das Jahr – Durch das Leben. Das christliche Hausbuch für die Familie. München 2006.

Iso Karrer: Tierkreis und Jahreslauf – Astrologie in Mythos und Volksbrauch. München 1997.

J. Andreas Schmeller: Bayerisches Wörterbuch. München 1872.

Josef K. Pöllath unter Mitarbeit von Gertrud und Norbert Weidinger: Hausbuch der Feste und Bräuche. München 1993.

Jule Sommersberg: Das große Buch fürs ganze Jahr - Feste und Bräuche mit Kindern neu erleben. Augsburg 2004.

Karl-Heinrich Bieritz: Das Kirchenjahr – Feste, Gedenk- und Feiertage in Geschichte und Gegenwart. München 1988, 2. Auflage.

Kerstin Kuppig: Ideenkiste Feste feiern – für Gemeinde, Schule, Familie. Freiburg 2000.

Lutz Röhrich: Lexikon der sprichwörtlichen Redensarten. Freiburg 1973.

Manfred Becker-Huberti: Lexikon der Bräuche und Feste. Freiburg 2000.

Peter Neysters und Karl Heinz Schmitt: Denn sie werden getröstet werden. Das Hausbuch zu Leid und Trauer, Sterben und Tod. München 1993.

Rudolf Rietzler: St. Mariä Himmelfahrt Buchloe – Gedenkschrift zur Renovierung in den Jahren 1980/81. Buchloe.

„Schule und schwäbische Heimat" Beilage zum amtlichen Schulanzeiger der Regierung von Schwaben. Nr. 4, April 1988 : Brauchtumspflege in der Schule.

Sybil Gräfin Schönfeldt: Das große Ravensburger Buch der Feste & Bräuche - Durch das Jahr und den Lebenslauf. Ravensburg 1980.

Thomas Dornseifer und Christian Schlichter (Herausgeber): Die sieben Sakramente der katholischen Kirche – Eine Orientierung nicht nur für Fernstehende. Paderborn 2009.

Walter Pötzl: Brauchtum – Von der Martinsgans zum Leonhardiritt, von der Wiege bis zur Bahre. Augsburg 1999.

Werner Scharrer: St. Nikolaus in Schwaben - Ein Volksheiliger in Kirche, Kunst und Brauchtum. Augsburg 1991.

Broschüre Liturgie im Alltag - Formen gottesdienstlichen Lebens, herausgegeben von der Arbeitsgemeinschaft Christlicher Kirchen in Baden-Württemberg. Stuttgart 2001.

Broschüre Krankheit, Leiden, Sterben, Tod – Eine Handreichung für Mitarbeiterinnen und Mitarbeiter in sozialen Einrichtungen, herausgegeben von der Arbeitsgemeinschaft Christlicher Kirchen in Baden-Württemberg. Stuttgart 2009.

Broschüre Trauerbegleitung in der Gemeinde, herausgegeben von der Arbeitsgemeinschaft Christlicher Kirchen in Baden-Württemberg. Stuttgart 2006.

Broschüre der Diözese Würzburg: Ehe wir heiraten – Hinweise und Hilfen zur Vorbereitung ihrer kirchlichen Hochzeit.

Broschüren-Reihe Sakramente im Leben der Kirche bzw. Sakramente im Leben der Familie" und Arbeitshilfen des Seelsorgereferates I der Erzdiözese München und Freising,